MADAME

DE

CHATEAUBRIAND

939

G. PAILHÈS

MADAME

DE

CHATEAUBRIAND

LETTRES INÉDITES

A M. CLAUSEL DE COUSSERGUES

« Notre meilleur ami »
(Mme de Chateaubriand.)

OUVRAGE ORNÉ DE CINQ EAUX-FORTES

BORDEAUX	PARIS
FÉRET ET FILS	CHAMPION
15, COURS DE L'INTENDANCE, 15	9, QUAI VOLTAIRE, 9

1888

MADAME

DE

CHATEAUBRIAND

LETTRES INÉDITES

A M. CLAUSEL DE COUSSERGUES

« Notre meilleur ami. »
(M™ de Chateaubriand.)

OUVRAGE ORNÉ DE CINQ EAUX-FORTES

BORDEAUX	PARIS
FÉRET ET FILS	CHAMPION
15, COURS DE L'INTENDANCE, 15	9, QUAI VOLTAIRE, 9

1888

G. PAILHÈS

MADAME

DE

CHATEAUBRIAND

LETTRES INÉDITES

A M. CLAUSEL DE COUSSERGUES

« Notre meilleur ami. »
(Mme de Chateaubriand.)

OUVRAGE ORNÉ DE CINQ EAUX-FORTES

BORDEAUX
FERET ET FILS
15, COURS DE L'INTENDANCE, 15

PARIS
CHAMPION
9, QUAI VOLTAIRE, 9

1888

MADAME
DE CHATEAUBRIAND

Lettres à M. Clausel de Coussergues

On s'est demandé pourquoi les lettres de Chateaubriand à ses amis de jeunesse deviennent rares depuis son voyage en Orient.

L'éditeur des *Correspondants de Joubert* s'est vu obligé, dans la partie de son livre consacrée à Chateaubriand, de passer brusquement de l'année 1804 à l'année 1822. « Lacune considérable », observe-t-il; — surtout si l'on considère d'une part la date des premières lettres (1803), et d'autre part le fait que cette lacune ne prend fin qu'avec la correspondance elle-même.

M. de Raynal suppose que les autres lettres « adressées pendant plus de vingt ans à M. Joubert » et remises à Chateaubriand avec tous les cartons du moraliste pour la préparation des *Pensées*, furent « brûlées par mégarde lorsque, plus tard, quittant sa maison de la rue d'Enfer, Chateaubriand mit le feu à une grande partie de ses papiers. »

Très vraisemblable pour les années qui précèdent 1804, la

supposition paraît manquer d'appui par rapport aux années
qui suivirent, jusqu'en 1822.

A bien lire la correspondance soit de Joubert, soit de
Mme de Chateaubriand, on n'y trouve pas les allusions qui se
seraient nécessairement glissées s'il y avait eu fidèle échange
entre les deux amis.

En décembre 1809, Joubert écrit à M. de Clausel « qu'il
lui tarde de voir les deux *Chats* (1) de la Vallée aux Loups dont
il n'a point de nouvelles — quoiqu'il leur ait écrit. » — En
1812, Joubert encore déclare à Chateaubriand « qu'il n'écrit à
personne, et pas même à lui, ni à Mme la duchesse de Lévis. »
C'est apparemment que Chateaubriand ne le mettait guère
dans l'obligation de lui répondre. Le 4 octobre 1813, le même
s'exprime ainsi dans une lettre à Mme de Vintimille : « Quand
Chateaubriand vous écrit, c'est une préférence qu'il vous
donne sur nous qui l'avons pressé de venir et qui n'avons pas
encore pu en obtenir une réponse. » Le... novembre 1818,
Joubert lisait ce petit mot dans une lettre de Mme de Chateaubriand à Mme Joubert : « M. de Chateaubriand vous dirait
mille choses, s'il parlait. Mais depuis qu'il s'occupe du *Conservateur,* il ne voit, ni n'entend, ni ne répond. » Voilà le vrai
mot. Plusieurs années avant la création du *Conservateur,* le
chantre des *Martyrs* négligeait ses amis tout comme le devait
faire l'écrivain politique.

Précédant M. de Raynal, M. de Sainte-Beuve avait déjà remarqué la cessation de tout commerce épistolaire entre Gueneau de Mussy et Chateaubriand dès l'année 1804. Une si
brusque interruption était de nature à piquer la curiosité toujours en éveil du grand critique. Aussi, moins discret, plus

(1) Sobriquet en usage dans le « *cercle* » pour désigner M. et Mme de Chateaubriand.

libre que l'éditeur des *Correspondants de Joubert,* pose-t-il hardiment la question en ces termes :

« Mais tout à coup, à un certain jour, à une certaine heure, que s'est-il passé? Toute liaison cesse ; je n'ai pu m'en rendre compte, je n'ai pu tirer à clair le mystère. Ce ne peut être à cause d'un refus d'article sur *René.* M. de Mussy, à cet égard, avait dès longtemps payé sa dette. Ce ne peut être à cause d'une lettre irréligieuse écrite de Rome par Chateaubriand : on vient de voir (1) que le chrétien devenu sceptique et le chrétien resté janséniste étaient assez d'accord dans leurs jugements sur la Religion romaine. Les explications qu'on a essayé de me donner ne me satisfont point et ne cadrent pas avec ce qu'on sait d'ailleurs. Je conjecturerais plutôt que ce fut à l'occasion du bel Eudore que vint le refroidissement, la mort soudaine de cette amitié. M. de Mussy n'aura point approuvé, n'aura point consenti à louer l'épisode profane des *Martyrs.* Ce qui est certain, c'est que, dans toutes les années qui suivent, le détachement est complet ; et quand, en 1824, M. de Chateaubriand tombe brusquement du ministère, M. de Mussy dit en l'apprenant : « Je ne vois « plus depuis longtemps M. de Chateaubriand, mais je prends « part à ce qui lui arrive, *et je vais m'écrire chez lui.* » —Dernier et triste hommage à cette ancienne et jeune amitié fraternelle ! »

Deux lettres de Chateaubriand à Chênedollé coupent l'intervalle de 1806 à 1820. Elles n'ont pas permis à Sainte-Beuve d'appliquer à leur amitié les expressions de *détachement* et de

(1) *Chateaubriand et son groupe.* — « Lettre *irréligieuse* », « chrétien devenu *sceptique* », « religion *romaine* », expressions forcées dictées à Sainte-Beuve — ô contradiction ! — par un scepticisme militant.

mort. Et toutefois, voyez comme ce lien est relâché! L'une des deux lettres, datée de 1816, ne compte qu'une dizaine de lignes; les tout derniers mots sont seuls de la main de Chateaubriand; elle commence ainsi : « Je dicte — en courant — quelques mots — à mon secrétaire, — mon cher ami; » l'autre, celle de 1820, après laquelle silence complet, a une manière si sèche et si froide d'opposer l'oubli prétendu des amis à la fidélité qu'il leur garde! Les premiers mots suffiraient pour conclure à l'extrême rareté, ou même à l'interruption totale de leurs rapports : « Votre écriture, mon cher ami, m'a fait plaisir à reconnaître; les années ne font rien avec moi, et les amis qui m'ont oublié ne vivent pas moins dans mon souvenir. »

Sainte-Beuve a raison d'observer en note que ce mot n'est pas juste : « Chateaubriand devait bien savoir qu'il n'était pas de ceux qu'on oublie. »

Les explications données à Sainte-Beuve, probablement par la famille de Mussy, et qui n'avaient pu le satisfaire; ce mystère qu'il croyait éclaircir, en vertu d'une hypothèse gratuite, par quelque incident littéraire, je crois en avoir trouvé la clé dans ce passage d'une lettre inédite de Mme de Chateaubriand à M. Clausel de Coussergues :

« M. de Chateaubriand, à un peu de goutte près, se porte à « merveille; il a le corps presque aussi bon que la tête, qui « n'a pas faibli d'une idée. Pour le cœur, tant qu'il battra, « il battra pour son Dieu, pour son roi et aussi pour ses amis. « Mais il est comme vous, mon cher ministre ; sa constance « n'est pas au bout de sa plume, et il aimerait mieux aller « savoir de vos nouvelles en Rouergue que de vous en deman- « der par une lettre (1). »

(1) Lettre du 18 décembre 1840.

Dans l'étude d'un caractère, d'une vie, rien n'est précieux comme les réflexions d'un témoin familier, surtout si le témoin ne parle pas en vue du panégyrique à venir. Or, Mme de Chateaubriand n'avait pas l'humeur louangeuse, et l'on sait qu'elle voyait clair. Ce qu'elle écrivait n'était que pour l'ami Clausel. Celui-ci connaissait trop bien son Chateaubriand pour que la tentation vînt à sa correspondante de lui en faire accroire.

Prenons donc à la lettre l'explication ci-dessus. C'est la bonne. Les torts de l'illustre écrivain s'y atténuent dans une certaine mesure, et, tout en l'excusant, elle nous révèle un trait de son caractère; plus accentué avec l'âge, ce trait se dessine, au regard attentif, dès 1806. Après le voyage de Jérusalem, c'est la composition des *Martyrs* qui l'absorbe et lui fait négliger sa correspondance; ce sont les relations mondaines dont le cercle fascinateur tout à la fois se resserre et s'étend autour de lui; ce sont les rêveries mélancoliques où le poète retombe sans cesse; c'est la rédaction pleine de périls et de précautions de la brochure contre *Buonaparte*. — Sous la Restauration, c'est pis encore : rivalités d'influences et de partis, luttes pour le pouvoir, *Conservateur* à lancer, ambassades à conquérir et à sacrifier brillamment, diplomatie, guerre, ministère, tout cet ensemble d'occupations et de fièvre ambitieuse ne lui laisse ni le temps ni la pensée de donner signe de vie à ses vieux amis. « Il ne voit, ni n'entend, ni ne répond » : le joli mot de Mme de Chateaubriand s'applique aux vingt dernières années non moins qu'aux années précédentes.

Et toutefois, en dépit des oublis apparents, nous pouvons l'affirmer, oui, l'amitié survit dans le cœur de Chateaubriand,

quoique trop peu exigeante et de moins en moins expansive.
Il trouve du charme à lire les lettres de ses fidèles correspondants, — pourvu qu'il n'ait pas à y répondre. Quant à les
provoquer en écrivant le premier, rien n'est plus contraire à
ses habitudes. Au milieu des longs silences, il continuait
d'aimer, comme il était dans sa nature d'aimer. A ce cœur,
hanté de chimères sans fin et peu distrait de lui-même —
éternelle chimère, — il suffisait d'un souvenir surgi de loin
aux heures des rêveries solitaires; c'était matière à mélancolie; le passé que ce souvenir évoquait, il se plaisait à le rani-
mer par l'imagination, avec les circonstances des temps et des
lieux, à le modifier selon la fantaisie du moment, à lui prêter
une autre figure et d'autres suites. Mais rêverie n'est pas
commerce; et, peu à peu, traités à ce régime d'abstention,
les plus intimes amis, Joubert, Fontanes, Clausel, en seraient
venus à se croire oubliés.

Heureusement, à côté du grand rêveur, veillait une âme
en complet contraste avec la sienne, oublieuse d'elle-même
et mettant son bonheur à ne s'occuper que des autres, une
âme éminemment expansive, faite et douée à souhait pour
l'amitié. Le conseil du bon Joubert, « qu'il faut cultiver ses
amitiés en soi, les soigner, les arroser pour ainsi dire, »
personne au monde ne fut plus assidu que Mme de Chateaubriand à le pratiquer, sans avoir jamais eu besoin d'en être
avertie. Elle le faisait d'instinct, pour obéir à la loi de son
cœur, à la pente de sa vive nature. Sous le toit de Chateaubriand, c'est elle surtout qui se souvenait, qui écrivait,
invitait, demandait aux absents de leurs nouvelles, qui leur
rappelait la Saint-François, « fête du patron », et les som-
mait d'être « fidèles au banquet des vieux amis »; — elle
qui parlait des douces heures coulées ensemble et voulait

ressusciter ce passé d'affectueuses relations. Les paroles alors affluaient sous sa plume, toujours simples et naturelles, mais d'une telle vivacité d'accent et parfois d'une si pénétrante éloquence, qu'après tant d'années elles nous vont au cœur.

Comme ce point est le plus important de cette nouvelle étude (1), je crois devoir au lecteur quelques citations ; les passages suivants sont extraits de la correspondance inédite adressée à M. de Clausel : nul doute qu'on ne les relise avec plaisir à leur place, dans la série des lettres :

10 juillet 1839.

« Mon cher ministre (2), M. de Chateaubriand est fort en peine de vous ; pour moi, je dis qu'on doit oublier les amis qui nous abandonnent de gaieté de cœur ; il est vrai que je me laisse dire et que je n'en suis pas moins fort impatiente de vos nouvelles.

« Il ne faut pas vous y tromper, vous avez fait une mauvaise action en allant vous enfermer à tout jamais dans votre vieux château, où j'espère encore que vous vous ennuyez, non pas assez pour en mourir, mais assez pour en revenir.

« Avez-vous bien songé, cher ami, que vous serez cet hiver à deux cents lieues de Paris, laissant vos enfants et vos amis dans l'attente d'une lettre qui leur apprendra que quatorze jours plus tôt vous vous portiez bien ? c'est une triste sécurité que celle du passé. Ensuite, si vous alliez être malade, ce qui arrive à tout le monde, combien de temps se passerait-il avant qu'on pût arriver jusqu'à vous, sans compter tous les tourments de l'inquiétude. Si vous vous obstinez à vous ensevelir dans vos montagnes, vous êtes un égoïste au premier chef. Pendant la belle saison et au milieu de votre famille, vous devez trouver la campagne un séjour avec lequel on peut faire un pacte à vie; mais viennent la *froidure* et la neige, vous verrez que quelque aimable que soit votre vicaire, vous regretterez, trop tard, d'avoir mis une montagne de glace entre vous et les boues de Paris. En restant à

---

(1) V. *Madame de Chateaubriand, d'après ses Mémoires et sa Correspondance,* grand in-8° de 400 pages.

(2) On verra plus loin, page 49, pourquoi Mme de Chateaubriand appelait M. de Clausel son cher ministre.

Coussergues, vous perdez deux choses qu'on ne perd pas impunément
à nos âges, les amis et les habitudes. Mais en voilà assez ; vous avez
près de vous vos trois petits enfants dont la présence seule vaut
mieux que tout ce qu'on pourrait vous dire : vous les aimez trop pour
songer de bonne foi à les laisser partir sans vous. Nous vous attendons donc, mon cher ministre, pas plus tard qu'au mois d'octobre ;
vous viendrez faire la Saint-François avec nous. »

29 novembre 1839.

« Grâce à Dieu, nous n'avons pas été quatre mois sans entendre
parler de vous ; nous avons eu de vos nouvelles par des amis communs, auxquels vous ou Monsieur votre fils avez écrit. Pour moi,
mon cher ministre, si je vous ai tenu si longtemps rigueur, c'était
dans l'espoir de vous dégoûter de l'absence, mais je vois que votre
parti est pris et qu'il ne faut plus penser à vous revoir en ce monde.
En vous retirant dans la solitude, « *pour vous occuper uniquement de
votre salut,* » vous avez pris la voie large pour aller au Ciel ; car,
dites-moi, je vous prie, où est le grand mérite de la douceur quand
on n'a que son vicaire à gronder, et de la charité, quand on n'a personne à haïr ! C'est ici, mon cher ami, au milieu des mauvais exemples et du mauvais prochain, que le combat est glorieux, et que l'on
peut devenir des saints à couronne de diamant, alors que vous n'obtiendrez jamais que la couronne de fleurs. Je lis aussi les psaumes, et
je sais qu'à nos âges la vie n'est plus que *labor et dolor,* mais j'en tire
la conséquence que c'est le moment de ne pas s'éloigner des délassements et des joies de l'amitié ; je ne vois pas comment vous allez avoir
le courage de vous séparer de vos enfants et surtout de vos petits
enfants. Si vos enfants ne peuvent pas vous loger, nous avons une
petite chambre fort propre à vous offrir, et de plus, la salle à manger
où l'on ne mange jamais, et où vous pourrez vous établir le matin :
la Bible ne vous manquera pas, ni aussi la *Gazette de France ;* car un
Père de l'Église comme vous doit lire les bons et les mauvais livres.
— Voilà, mon cher ministre, une proposition sur laquelle j'espère que
vous réfléchirez avec fruit. Sans adieu donc. Ne soyez pas plus sévère
que la Providence, et attendez, pour quitter vos amis, qu'elle ait
marqué le terme de l'inévitable séparation. »

18 décembre 1840.

« Je crois, très cher solitaire, que déjà, dans votre heureuse Thébaïde, vous en êtes à demander si l'on bâtit encore des villes et aussi s'il vous reste des amis au monde. Il vous en reste cependant, et de vieux fidèles, qui vous supplient de leur donner de vos nouvelles, ne serait-ce que par un mot de la main de votre maîtresse d'école... Je ne dirai pas que j'espère que M. et Mme de Clausel sont sur le point de revenir à Paris ; car, avant le plaisir de les voir, je pense à ce que cette séparation de deux mois aura de rude pour vous. Comment ne vous prend-il pas l'heureuse idée de ne pas les laisser partir seuls, quand vous savez tout le plaisir que vous leur feriez, à eux et à nous ? Songez que c'est déjà la mort que vous avez mise entre vous et vos amis, si nous ne devons plus nous revoir ; et plus que la mort, car j'aimerais mieux vous aimer dans le Ciel, là où l'on ne regrette rien, que dans Paris, là où l'on désire toujours.

« Mille tendresses de ma part, comme de celle de M. de Chateaubriand, et prière de ne nous pas laisser aussi longtemps impatients de savoir si vous êtes heureux et bien portant. »

11 septembre 1841.

« Si je suis en reste avec vous, mon cher ami, vous n'en êtes pas plus excusable de ne nous avoir pas donné signe de vie depuis bientôt un an. Nous ne savons de vos nouvelles que par les Joubert, qui eux-mêmes se plaignent de votre silence. N'écrivez pas, mais faites-nous écrire un mot par votre maîtresse d'école, seulement pour nous dire que vous vous portez bien et que vous n'êtes pas trop joyeux de nous avoir quittés.

« Adieu, mon cher ministre. Je ne puis penser à notre éloignement de vous sans tristesse ; encore si l'on était sûr de se retrouver dans le Ciel : c'est un lieu dont vous connaissez mieux la route que moi. »

10 février 1844.

« Vous n'êtes pas, mon cher ministre, de ceux qui se croient oubliés parce qu'on ne leur écrit pas, surtout quand il s'agit de vieux amis qui ne pensent qu'à vous, ne parlent que de vous, et ne vous écrivent pas par cent raisons qu'il est bon de laisser de côté parce qu'elles sont inexcusables.....

2

« Nous apprenons que M. et Mᵐᵉ de Clausel ne reviendront pas cet hiver à Paris; je les en félicite pour leur compte, mais pas pour le nôtre; nous aurions eu tant de plaisir à les revoir; ainsi, mon cher solitaire, excepté avec les Joubert, nous ne pourrons plus parler de vous qu'avec des indifférents.

« Vous savez que M. de Chateaubriand n'a pas été à Barèges, autrement il aurait été vous voir, malgré mes craintes de le savoir traversant vos montagnes d'où l'on ne sort vivant que par un miracle. Adieu, mon cher ministre sans portefeuille; voilà votre vieil ami qui prend la plume pour vous répéter ce que je vous dis en vous quittant, que nous vous aimons aujourd'hui comme nous vous aimions il y a quarante ans et plus. »

Ce goût et ce soin de l'amitié forment un des traits distinctifs de la noble figure que nous essayons de restituer. Causeries et correspondances pleines d'abandon, libre échange des joies et des peines, « vrai commerce », disait Joubert, ce fut la douce inclination, — l'impérieux besoin — le vrai bonheur de cette vive, jaillissante et généreuse nature; elle s'y livrait tout entière. En lisant ses lettres, on ne peut s'empêcher de remarquer et d'admirer l'abandon, le naturel, le mouvement rapide de la plume, l'effusion de l'âme au milieu de traits d'esprit qui jaillissent à chaque instant.

Or ce commerce dura sans interruption, tant que vécurent les amis qu'elle avait distingués, parmi les plus dévoués amis de son mari; car ses amitiés, toutes ses amitiés, s'étaient en quelque sorte allumées à la flamme de son amour.

C'est grâce à elle et par elle que Chateaubriand fut en rapports ininterrompus avec Joubert, tout replié douloureusement sur lui-même que fût celui-ci, tout absorbé par la politique et grisé d'encens féminin que fût le premier. La preuve en est dans les lettres publiées par M. de Raynal.

C'est grâce à elle — il y a de bonnes raisons de le supposer — et sur quelque épître de sa façon, que les rapports si
tristement brisés avec Fontanes reprirent de plus belle. Les
papiers de Fontanes devaient contenir de bien charmantes
lettres de Mme de Chateaubriand.

C'est grâce à elle encore que l'un des trois amis les plus
anciens et les plus intimes de Chateaubriand, celui que
Mme de Chateaubriand appelle dans ses petits mémoires *notre
meilleur ami,* M. Clausel de Coussergues, ne fut jamais oublié
ni négligé après 1830, dans la profonde retraite où il se confina.

Mme de Chateaubriand fut entre l'illustre génie et ses
meilleurs amis le lien d'amitié. Il n'est que juste de lui en
faire honneur.

En ce nouveau sens, on peut dire qu'elle lui prêta le
secours de sa plume et de son cœur. Autant la plume était
facile et brillante, autant le cœur était chaud et constant.

Épouse modèle, incomparable amie !

*
* *

Je sais l'objection, le reproche, si l'on veut.

Oui, c'est vrai.

A cet esprit très fin, à cette âme très noble, à ce cœur très
haut, il fallait des amitiés à part, délicates, exquises, intimes,
fidèles à la gloire de Chateaubriand sans rien de servile dans
l'admiration, des amitiés dignes d'elle et de lui.

En dehors de ces amitiés, et vis à vis des étrangers, elle ne
se mettait pas en frais de sentiments, bien que toujours extrêmement polie. Ainsi s'expliqueraient les souvenirs contra-
dictoires. Admis à l'honneur de saluer celui que les contem-

porains traitaient tantôt en patriarche, tantôt en demi-dieu,
d'aucuns ont trouvé M^mo de Chateaubriand un peu réservée,
un peu froide, ne parlant que par monosyllabes.

L'un de ces visiteurs va élever la voix au nom de tous : collaborateur et ami d'Augustin Thierry, c'est bien certainement
l'un des plus distingués témoins, et des plus intéressants à entendre (1). Dans une longue lettre qui constitue une véritable
étude sur M. et Mme de Chateaubriand, M. Martial Delpit me
faisait l'honneur de m'écrire, de Paris, à la date du 26 décembre 1886 :

« ... M. de Chateaubriand a été le Dieu de ma jeunesse. Je
« conserve le culte que je lui ai voué. Jugez, Monsieur, de
« l'intérêt avec lequel j'ai lu votre livre... Vous groupez
« autour de quelques pages de M^mo de Chateaubriand une
« masse d'anecdotes, de réflexions, qui m'ont d'autant plus
« charmé qu'elles réveillent pour moi de précieux souvenirs.
« J'ai vu, ou du moins entrevu Mme de Chateaubriand chez
« elle, en présence de son illustre époux, dans ces soirées
« solitaires qu'il lui consacrait religieusement. Ce n'était pas
« gai. Le grand homme n'avait pas l'air de s'amuser, et je
« n'étais pas du tout séduit. Mme de Chateaubriand *grande,*
« maigre, sèche, *parlant peu et par monosyllabes,* n'avait rien
« du charme qu'on trouve dans ses lettres. Je m'en veux de

(1) M. Martial Delpit, député monarchiste à l'Assemblée nationale, rédigea le
rapport de l'enquête parlementaire sur l'insurrection du 18 mars 1871. « Les détails
qu'il renferme et les conclusions surexcitèrent au plus haut degré les passions des
partis opposés. Le rapporteur fut, pendant quelques jours, l'*homme du moment.*
L'impression de ce mémoire, faite par ordre de l'Assemblée, et les comptes-rendus
qu'en donnèrent les journaux ne purent suffire à satisfaire la curiosité publique. Un
libraire en publia une réimpression qui obtint un très grand succès. » (Techener,
in-8°, 284 pages, Paris 1872.) Ces lignes sont extraites d'une notice très intéressante
sur M. Martial Delpit par J. D. La brochure se termine par une longue liste bibliogra-
phique.

« m'être trompé et de n'avoir pas deviné tout ce que vous
« décrivez si bien un demi-siècle après. J'admire votre enthou-
« siasme rétrospectif, et ce sera un honneur pour Mme de
« Chateaubriand d'avoir, comme Marie Stuart, Mme de Lon-
« gueville, Marie-Antoinette et quelques rares héroïnes,
« inspiré à distance un véritable culte. Mais, Monsieur, ne
« craignez-vous pas d'aller un peu loin, quand vous cherchez
« à mettre Mme de Chateaubriand si au-dessus de Mesdames
« de Beaumont et Récamier ?...

« Mme Récamier avait au suprême degré ce qui m'avait
« paru manquer à Mme de Chateaubriand, le charme. Mme de
« Beaumont, à en juger par les lettres de Joubert, — et
« celui-là aussi est un de mes dieux, — avait à un très haut
« degré cette qualité essentiellement féminine... J'admire
« surtout Chateaubriand dans les grandes lignes de sa
« carrière... Tous nous procédons plus ou moins de lui et
« pouvons dire ce que lui disait en 1840, mon illustre
« maître, M. Augustin Thierry : « Tu duca, tu signore, tu
« maëstro.

« ... Je ne veux pas finir sans vous remercier de ce que
« vous dites si bien à l'endroit de Sainte-Beuve. Son livre
« contre M. de Chateaubriand est une mauvaise action. Je suis
« d'autant plus à mon aise pour le dire, que je l'ai reproché
« de vive voix à l'illustre critique, lequel, malgré tout son
« esprit, se défendait mal de brûler si cruellement ce qu'il
« avait ostensiblement adoré.

« Je serais bien heureux, Monsieur, si j'avais l'honneur de
« vous rencontrer, de causer avec vous du sujet inépuisable
« que vous venez de remettre à l'ordre du jour avec tant de
« chaleur et de talent. Il me reste encore la faculté d'admirer,
« et vous me pardonnerez, j'espère, mes petites objections en

« faveur des sentiments de haute estime et d'affectueuse sym-
« pathie que m'inspire votre livre.

    « Veuillez agréer...   Martial DELPIT. »

Je répondis sur le champ aux objections formulées avec
tant de bonne grâce; et, dès le 30 décembre, m'arrivait une
nouvelle lettre de discussion, gracieuse comme la première
et pleine de vœux de bonne année. Hélas!
J'en détache ces quelques lignes :

    «... Mais chut! me voilà prêt à encenser votre chère idole,
« à condition que vous me permettrez, lorsque j'aurai l'hon-
« neur de vous voir, de vous demander un peu plus d'indul-
« gence pour les miennes. En attendant, je veux vous donner
« un petit renseignement qui vous sera peut-être utile et agréa-
« ble. Vous parlez de M. Clausel de Coussergues. Je l'ai vu
« dans mon enfance. C'était un ami intime de mon oncle, le
« conseiller à la cour de Cassation, et son fils, Jules Delpit,
« pourrait vous fournir d'intéressants détails... (1). »

L'homme d'expérience, de cœur et de talent avec lequel je
me faisais une vraie fête de causer beaucoup et de discuter
un peu, l'aimable et trop élogieux correspondant à qui je
voulais exprimer de vive voix mes sentiments d'affectueuse
reconnaissance, il est mort sans que j'aie eu le bonheur de le

---

(1) M. Jules Delpit a bien voulu mettre à ma disposition sa très riche bibliothèque.
J'y ai trouvé les ouvrages de M. Clausel de Coussergues, portant ces mots écrits de
la main de l'auteur : « *Offert à mon honorable et cher collègue, M. Delpit.* »
— « M. Clausel de Coussergues était au lit avec la fièvre, quand mon père fut frappé
d'une attaque d'apoplexie. Il envoya un membre de sa famille pour prendre des
nouvelles, présenter ses souhaits, et surtout pour me recommander d'appeler sans
retard un prêtre auprès du cher malade. Mon père reçut en effet, de M. l'abbé
Laurichesse, vicaire à Saint-Germain-des-Prés, les sacrements que son état permit
de lui administrer. Cette intervention de M. de Clausel prouve, ce qui n'a point
besoin d'être prouvé, la vivacité de son zèle religieux et de ses sentiments confra-
ternels. » (*Lettre de M. Jules Delpit,* 18 janvier 1887.)

voir, mort quelques jours après m'avoir écrit ces lettres si chaudes, si littéraires, si jeunes.

Qu'il me soit permis de reproduire ici, en substance, ma réponse à l'objection très nettement formulée par M. Martial Delpit. Elle fait corps avec mon sujet.

Il se peut que M. Delpit ait joué de malheur, en ne visitant Mᵐᵉ de Chateaubriand qu'un de ces jours, très fréquents dans sa vie, où la souffrance la laissait sans respiration et sans voix.

Peut-être même, en dépit des apparences, fit-elle effort. ces jours-là, pour dompter la maladie, se tenir debout, recevoir en personne les enthousiastes et les introduire auprès de Chateaubriand. Héroïquement accueillante, quand on la jugeait sèche et froide. Et puis, quelque éminents que fussent les visiteurs, ils n'étaient que des visiteurs, des curieux, non des amis, des intimes. Au lieu des enthousiastes de passage, supposons Clausel de Coussergues, Joubert, Fontanes, « la bonne duchesse » de Lévis, Mᵐᵉ Joubert, l'abbé Bonnevie, l'abbé Deguerry, la châtelaine de Leschelle, et combien d'autres, frappant à la porte de Mᵐᵉ de Chateaubriand. Quelles exclamations de joie! Quel accueil d'amitié! Quelles causeries sans fin! Nouvelles, questions, compliments, malices, paradoxes, confidences, tout y passe. L'heure a coulé trop vite. Il faut rester à dîner — et promettre de revenir bientôt.

M. Danielo parle autrement que les visiteurs d'une heure, d'un moment, — lui qui vécut de longues années dans l'intimité des deux époux. Son témoignage est bon à recueillir. Nul autre ne saurait l'emporter sur celui-là ; pendant près de vingt ans, il fut mêlé à leur vie, associé aux voyages et aux travaux de Chateaubriand. L'auteur des *Études Histo-riques* n'a pas dédaigné de rendre, dans la préface de ce livre, un public témoignage à son dévoué chercheur de documents.

« Elle était, dit Danielo, plus gaie que triste, plus affable que fière... Malgré ce que je voudrais appeler la faiblesse de ses forces, elle avait en elle tant de vie que, pour l'employer utilement, elle se prenait à tout, s'intéressait à tout...

« En effet, Mme de Chateaubriand, douée de tant d'esprit, et même de plus d'esprit qu'il n'en faut dans le monde, savait, en outre, tenir la conversation la plus sérieuse et dire son mot dans les questions les plus élevées. Elle n'était dépaysée sur aucun terrain : j'en ai eu plus d'une preuve.

« Lorsqu'elle venait à entrer dans le cabinet de M. de Chateaubriand, au moment où nous débattions les sujets les plus graves, elle ne s'en effrayait point et ne manquait jamais d'y prendre part et d'y placer, en guise de plaisanteries, des observations très compétentes, d'un goût très fin et souvent d'un sens très profond.

« Lorsque rien n'était en discussion et qu'elle nous trouvait écrivant ou lisant, elle se jetait sur une bergère, où sa *petite* personne maigre, mince et *courte* disparaissait presque tout entière. Du fond de ce meuble et avec sa petite voix grèle, elles se livrait à toutes les originalités de son caractère, à tous les spirituels, mordants, espiègles et gentils propos d'une femme du monde.

« Impossible, quand elle le voulait bien, d'entendre rien de plus piquant, de plus gracieux : c'était la gaze la plus fine-ment tissée, la plus richement brodée; c'était un petit caril-lon de l'harmonie la plus vive, de l'argent le plus pur; c'était un prisme aux couleurs inattendues, un diamant aux facettes, aux feux, aux miroitements infinis... J'écoutais, j'admirais, et, comme dit le bon vulgaire, je n'en revenais pas. Je crus, et je ne le cachai point, que Mme de Chateaubriand avait plus d'esprit que son mari. Il est certain qu'elle en montrait plus que lui.

« ... M. de Chateaubriand m'envoyait tous les matins présenter mes hommages et offrir mes services à Madame.

« ... J'allais donc la saluer et causer un instant près de son lit. Je trouvais la vicomtesse éveillée comme une hermine, blanche de même, avec son peignoir blanc, au milieu de son lit blanc. Son genre de vie et son génie se peignaient sur sa figure fine, régulière, expressive et blanche comme tout le reste. On peut dire, sans exagération, qu'elle ne mangeait presque pas et qu'elle vivait de presque rien. Aussi, sans pourtant être trop décharnés, ses traits purs paraissaient-ils en quelque sorte transparents... Un peu de chocolat, rarement du thé, quelques sirops, tisanes ou potages : c'était toute sa nourriture. Un médecin qui avait eu sa confiance, le docteur Laënnec, lui avait dit que le meilleur remède à tous les maux, c'était la diète. Toute sa vie elle resta sous l'influence de ce conseil médical, bon en soi, mais dont il ne faut pas exagérer la pratique. Mme de Chateaubriand l'exagéra et elle a hâté sa fin. Elle a toujours cru que la diète la sauverait, et elle en a tant fait qu'elle est morte en quelque sorte d'inanition.

« ... L'Institut des sœurs de Saint-Vincent-de-Paul lui plaisait, et elle aimait à se donner des rapports avec elles. Elle avait remarqué que ces sœurs n'avaient que des *lits à quenouilles*. La vicomtesse était trop curieuse pour n'en pas demander le pourquoi.

« — C'est dans nos règles, Madame, lui répondirent les sœurs.

« Alors Mme de Chateaubriand vendit son beau lit en acajou

3

et se fit faire un lit à la Saint-Vincent-de-Paul. Une telle
couche convenait à sa charité, et c'est sur elle qu'elle est
morte. C'est sur elle que je l'ai vue souvent lire, causer, rire,
écrire et souffrir aussi.

« En effet, tout en dialoguant avec son valet de pied, sa
femme de chambre et sa dame de compagnie, Mme de Chateaubriand faisait une lecture, parcourait ses journaux, expé-
diait son courrier. Elle écrivait à des évêques, à des riches,
à des princes, en faveur de quelque pauvre ou de quelque
infirme. Elle ne craignait de demander à personne quand elle
croyait qu'il y avait du bien à faire...

« Mme de Chateaubriand ne se laissait aller à écrire aux
puissants du jour que sur des instances et des cas particuliers.
Quand j'entrais chez elle, après quelques mots aimables, elle
me montrait ses lettres en me disant : « Ayez la bonté de lire
cela, Monsieur Danielo, car je deviens si vieille que je perds
force, esprit, mémoire et tout le reste, je crois. Revoyez donc
cela, je vous prie. »

« Le fait est que Mme de Chateaubriand n'avait rien perdu
de ses facultés, même à sa mort.

« Je lisais cependant, et j'étais émerveillé, mais non surpris du
sens, du naturel, de l'élégance que j'y trouvais, à la place des
fautes qu'elle m'avait annoncées, et dont pas une n'existait.

« C'était une lucidité complète, une originalité délicate, mais
sans aucun apprêt, sans prétention à l'esprit. Elle gardait
toute la menue artillerie des traits, des pointes, des paradoxes, où elle excellait, pour les conversations particulières ;
car, dans les autres conversations, elle était fort grave et fort
digne, quoique toujours spirituelle.

« Tel était le petit lever de Mme de Chateaubriand, quand
elle ne se trouvait pas bien, ce qui arrivait souvent.

« Vers neuf heures ou neuf heures et demie, elle se levait tout à fait, se faisait habiller, et, quand elle le pouvait, allait à la messe...

« En allant, ou en revenant de la messe, elle entrait un instant dans le cabinet de M. de Chateaubriand.

« Comme j'étais sûr qu'elle ne manquerait pas de nous dire quelque chose de gai, d'original, de spirituel, d'amusant, j'attendais ce moment avec impatience.

« On la voyait entr'ouvir la porte et venir doucement comme une ombre, courbée quelque peu, regardant de côté, portant elle-même sa chaufferette ou une grande jatte en cuir bouilli, dans laquelle elle coupait du pain pour ses petits oiseaux. M. de Chateaubriand en prenait occasion de l'appeler la *Fée aux miettes*.

« — Oui, disait-elle :

> C'est moi, c'est moi, c'est moi
> Qui suis la Mandragore,
> Et qui chante pour toi.

« Dès que M. de Chateaubriand l'apercevait, il lui disait avec un gracieux sourire et de sa voix la plus douce : « Venez, venez. »

« Mme de Chateaubriand est encore, en définitive, la personne qui m'a témoigné ici-bas le plus d'intérêt, le plus de bienveillance effective.

« ...C'est là, c'est sous cet autel et sous les yeux d'une sainte (sainte Thérèse), que repose une des femmes qui ont le plus agi, le plus pensé, le plus senti, sinon le plus souffert.

« J'entrais dans ce sanctuaire avec un respect profond, une émotion vive ; je suspendais mes pas pour les rendre sourds ;

je craignais de faire du bruit, comme lorsque j'entrais dans sa chambre, alors qu'elle souffrait et que sa plainte affaiblie me révélait sa présence. Ici, plus de plainte ! »

Voilà Mme de Chateaubriand, d'après les souvenirs du secrétaire et serviteur intime. Danielo l'avait pratiquée vingt années durant.

Les autres l'ont à peine entrevue. Adorateurs du Dieu, — c'est l'expression de M. Delpit — ils n'accordèrent à l'humble mortelle qu'un regard distrait. Elle, de son côté, sachant très bien ou devinant le but de la visite, avait double motif de se taire et de s'éclipser. Nous la connaissons assez pour l'affirmer : elle n'était pas femme à forcer l'attention, à la détourner sur soi, ne fût-ce qu'une minute, à capter les suffrages des curieux.

Les nouveaux visages la laissaient indifférente. Cela s'explique au mieux.

Elle ne vivait ni dans le monde ni pour le monde. Elle n'avait pas un *salon* à tenir et à soutenir. Il se trouve qu'elle eut raison de négliger les relations purement mondaines. Les plus belles amitiés, les plus sincères, les plus nobles, furent son lot et sa récompense.

— Froide et sèche, — triste et malheureuse, Mme de Chateaubriand ! — Oh ! ne parlez pas ainsi.

Elle a aimé avec enthousiasme et générosité, aimé de plein cœur, avec effusion, sans défaillance, aimé jusqu'à son dernier soupir, Dieu et les pauvres, l'homme illustre dont elle était fière de porter le nom et les amis incomparables qu'avait séduits la gloire de son mari.

Aimer ainsi, c'est le bonheur, dans la mesure terrestre, en attendant la couronne qui ne se flétrit pas.

**
*

La correspondance que je vais avoir l'avantage de publier
ne le cède en rien à celle qui fit la joie et l'admiration de
Joubert. L'une vaut l'autre : elles sont également aimables et
spirituelles. Il y a pourtant une différence.

Les lettres adressées à M. de Clausel embrassant les années
de l'âge mûr et de la vieillesse, des notes plus graves s'y
rencontrent, des accents pleins de sensibilité, qui ne vibraient
pas, ou presque pas, dans les lettres éditées par M. de Raynal.

Celles-ci ont quelque chose de plus familier, de plus
rieur, de plus aimablement taquin : écrites au vol de la plume
capricieuse, au milieu des enivrantes péripéties de la politique, elle ne rendent que les impressions et les pensées de
l'âge intermédiaire. C'est toujours un peu la jeunesse, ce
n'est pas la maturité. Saison encore ensoleillée.

Celles-là paraîtront plus sérieuses et plus aimantes. L'âge
est venu. Le soir projette ses ombres. La solitude s'étend. La
retraite s'impose. Il faut rentrer en soi. L'heure est aux re-
gards en arrière, aux souvenirs, aux regrets, aux rêves, aux
absents. Avec les années, un grain de mélancolie s'est insen-
siblement glissé au cœur de celle qui prétendait n'être « *ni
mélancolique ni rêveuse.* »

Ainsi se complète très heureusement, grâce à la correspondance conservée au château de Coussergues, la physionomie
intellectuelle et morale de Mme de Chateaubriand.

Au sourire si fin, légèrement moqueur et ironique, vient se
mêler une expression de douce rêverie et de sympathique
attendrissement que nous ne lui connaissions pas. Cette
nuance de sensibilité achève le portrait et lui rend le
charme suprême.

L'absence de toute mélancolie eût été par trop invraisem-
blable chez cette Bretonne, en tout et jusqu'à la fin si parfai-
tement Bretonne.

***

Avant de lire les lettres de Mme de Chateaubriand, faisons
connaissance avec l'ami qui les reçut, avec l'homme de goût
qui nous les conserva.

Il s'en faut que M. de Clausel ait obtenu des biographes
toute justice. Les dictionnaires ne lui accordent qu'une mention sommaire, où se trahit quelque prévention. Passe encore
pour les dictionnaires : ils sont tellement encombrés! A
force de mesurer l'espace à la foule banale des noms, ils
prennent l'habitude de ramasser toute une vie dans un acte
ou dans un mot. Aussi ne demande-t-on, sur les contempo-
rains, à ces sortes de recueils, que des dates, quelques faits,
des listes bibliographiques, et non des jugements ni surtout
des portraits.

On comprend moins que Sainte-Beuve ait négligé cette
figure sympathique dans *Chateaubriand et son groupe littéraire*. Autant que Chênedollé et Gueneau de Mussy, Clausel
de Coussergues fut mêlé à la jeunesse littéraire de l'auteur du
Génie du Christianisme. Autant que Joubert et Fontanes, il
vécut dans l'intimité de Chateaubriand. Clausel absent, le
groupe reste incomplet. Fâcheuse lacune dans un livre bourré
de tant de « *notes diverses* » et mêlées !

Sainte-Beuve s'en explique en ces termes : « Clausel de
Coussergues appartenait, jusqu'à un certain point, à cette
première génération d'amis littéraires de Chateaubriand,
comme plus tard il appartiendra à son cortège d'amis politiques. Ici, il abrège le *Génie du Christianisme*, comme plus

tard il étendra au contraire, et délayera un mot de Chateaubriand pour en faire un acte d'accusation contre M. Decazes.
Mais dans l'une et dans l'autre période, il n'a pas de caractère
original, ni ce quelque chose de particulier dans la physionomie qui invite le regard et qui donne envie de s'y arrêter. »

Une étude plus attentive eût révélé au maître portraitiste
des traits de distinction et d'originalité en M. de Clausel :
d'une part, la tendresse de l'âme et l'amabilité du caractère
unies à la fougue du tempérament ; de l'autre, une haute
culture intellectuelle avec un vrai talent d'écrivain — non
de premier ordre, sans doute, mais nullement inférieur
au talent de plusieurs qui figurent honorablement dans les
Causeries du lundi; et tout cela, illustré par un commerce
d'intimité avec Chateaubriand, Fontanes et Joubert.

Que fallait-il de plus à Sainte-Beuve pour augmenter d'un
chef-d'œuvre sa collection de portraits ?

Je risque une hypothèse. L'adopte, la rejette qui voudra.

Friand, comme il l'était, de papiers inédits où se délectait
et se renouvelait sa verve, Sainte-Beuve aura fait des recher-
ches infructueuses du côté de Coussergues. Par dépit peut-
être, ou pour masquer l'impuissance d'être complet sur
Clausel, comme il l'était sur Chênedollé, Fontanes, Mussy,
Joubert, le critique aura expédié son homme avec une sorte
de dédain affecté.

En l'absence du portrait que Sainte-Beuve devait à son
sujet, il suffit, pour immortaliser le nom de Clausel, que
Chateaubriand et Joubert se soient souvenus de lui : le premier, en des ouvrages destinés dès leur apparition à passer
dans toutes les mains ; le second, en des lettres d'intimité
— venues au grand public qui ne cessera de les relire.

Qui n'a souvenance d'avoir lu, dans les Notes du *Génie du Christianisme,* les admirables lettres d'un frère de M. de Clausel, mort en Espagne, sous la robe des moines : première apparition de ce nom d'ami dans les œuvres de Chateaubriand. La liaison et les mutuels services datent de ce premier temps. L'on sait aussi combien l'auteur du *Génie* comptait sur les articles de M. de Clausel pour lancer son livre, à l'encontre des philosophes ligués. De Clausel, comme de Fontanes et des autres amis, il sollicitait ce secours ; mais de Clausel, il attendait plus encore :

« Je vous prie de veiller un peu à mes intérêts littéraires ; songez que c'est la seule ressource qui va me rester. Migneret a fort bien vendu quatre éditions, mais il a confié sa marchandise à des fripons, et j'ai éprouvé cinq banqueroutes. Engagez M. Clausel à commencer le plus tôt possible son *Édition chrétienne.* Si j'en crois ce qu'il m'a mandé, elle se vendra bien, et cela me rendra encore quelque argent (1). »

« ..... J'ai reçu un mot de Fontanes. Je ne sais rien de Clausel que je verrai bientôt... (2).

La brillante apologie était un peu bien longue, et bien trop vive en de certaines peintures, pour être mise sous les yeux de la jeunesse. Une édition chrétienne, c'est-à-dire abrégée et corrigée, était demandée. Pour réussir dans une révision et dans un choix de cette nature, il fallait, avec une grande délicatesse d'âme et de foi, le sincère dévouement d'un ami. Clausel était tout désigné. Il promit et s'exécuta. On a de lui plusieurs éditions abrégées du *Génie du Christianisme.*

Les années eurent beau passer, nombreuses et diverses. Chateaubriand ne fut pas ingrat. Au souvenir du bon Clau-

---

(1 Chateaubriand à Gueneau de Mussy. — Rome, 20 décembre 1803.
(2) Le même au même. — Villeneuve-sur-Yonne, 9 octobre 1804.

sel, l'auteur des *Mémoires d'Outre-Tombe,* très sec à l'endroit
de Chênedollé, de Mussy, de Molé, de Pasquier, de Bonald,
retrouve un mouvement de sensibilité. Voici de quelles paroles il accompagne le nom de son ami : « Si je devais vivre et
si je pouvais faire vivre dans mes ouvrages les personnes qui
me sont chères, avec quel plaisir je les emmènerais avec
moi. »

Cet aimable souhait ne concernait que l'ami. Déjà, en
1831, Chateaubriand avait signalé le publiciste dans la préface des *Études historiques :* « Sous ce titre modeste : *Du
sacre de nos rois,* M. Clausel de Coussergues a écrit un livre
qui restera ; les amateurs de la clarté et des faits bien classés,
sans prétention et sans verbiage, y trouveront à se satisfaire. »

Certes, de telles appréciations, signées Chateaubriand,
séparent un nom de la confuse multitude des noms voués à
l'oubli.

Mais je ne sais si, des lettres de Joubert, ne se détachent
pas quelques rayons plus vifs sous lesquels se ranime
et sourit l'expressive figure de Clausel.

Le 10 octobre 1809, Joubert lui écrivait :

« Je suis désolé que le grand maître soit toujours au Corps
législatif, et que vous ne soyez pas au Conseil. Vous manquerez ainsi l'un et l'autre, du moins pendant quelque temps,
aux besoins de l'Université.

« Il lui faut des hommes comme vous, des hommes graves et
lettrés, et, ainsi que je le dis souvent, des moralistes passion-
nés, qui soient de chauds amis de l'ordre, de chauds ennemis
du désordre, dans les écoles et dans le monde, dans les lettres
et dans les mœurs. Je vous attendrai toujours impatiemment
dans la place où je vous désire, et où vous n'êtes pas encore.

« J'ai reçu vos lettres et j'ai fait, en son temps, tout ce qu'elles

4

me recommandaient. Je n'ai manqué à rien qu'à vous répondre; mais vous m'en aviez dispensé. Cette indulgence même excite mes remords, et c'est pour apaiser le ver rongeur, qu'avant de vous voir, je veux vous demander pardon. Pardonnez-moi donc, aimez-nous et soyez toujours pour nous, comme pour le reste du monde, le doux et ardent Clausel, dont je suis persuadé que les avis vaudront toujours mieux que les lois.

« Il me tarde aussi de voir mes collègues et d'applaudir à leurs travaux. Quant à mon poste, j'y suis toujours, et j'y suis ici plus qu'ailleurs.

« Portez-vous bien, et venez nous voir souvent, quand nous aurons réchauffé notre foyer. Adieu, adieu. »

Le mot relatif aux *avis* et aux *lois* paraît contenir une allusion à la probable et prochaine entrée ou rentrée de Clausel dans la magistrature. — De Montpellier, où il ne tarda pas à être nommé conseiller à la Cour, Clausel écrivait à Joubert des lettres qui jetaient celui-ci dans l'admiration et l'attendrissement. Mme de Chateaubriand tenait la chose et le mot de Joubert lui-même. Elle s'empressa d'en faire son compliment à Clausel, non sans le grain de sel accoutumé.

Une autre fois, Joubert écrivait de Villeneuve-le-Roi, le 20 septembre 1819, à Clausel de Coussergues, alors dans tout le feu des discussions politiques :

« Comment vous portez-vous? En quel temps comptez-vous qu'arrivera Mme de Clausel? Que dit et que pense Mme la duchesse de Lévis, que je suis désolé de ne plus pouvoir entendre, une fois par semaine, et à laquelle j'aurai l'honneur d'écrire incessamment? Où faut-il adresser notre réponse à Mme de Chateaubriand, qui nous écrit qu'elle part pour la terre de son neveu, sans nommer ni la terre, ni le pays où elle est située? Enfin, nous aimez-vous toujours

assez pour persister à venir nous voir, et pouvez-vous assi-
gner un jour fixe à l'exécution de ce projet obligeant, que
nous aurions une joie extrême à vous voir réaliser?

« Répondez d'abord nettement et catégoriquement à ces six
questions, car je les ai comptées, et occupez-vous ensuite,
toutes distractions et même toutes occupations cessantes,
d'une commission que vous seul pouvez faire habilement, et
dont je vais prendre la liberté de vous charger. Écoutez
bien :

« Je me suis longtemps, comme un autre, et aussi pénible-
ment, aussi douloureusement, aussi inutilement que qui que
ce soit, occupé du monde politique; mais j'ai découvert, à la
fin, que pour conserver un peu de bon sens, un peu de justice habituelle, un peu de bonté d'âme et de droiture de jugement, il fallait en détourner entièrement son attention, et le
laisser aller comme il plaît à Dieu et à ses lieutenants sur la
terre. Je ne lis donc plus aucun journal...

« Mais si le monde politique ne m'occupe plus du tout, le
monde moral, en revanche, m'occupe beaucoup...

« Pardon de tant de peines; mais vous voyez que toutes les
convenances possibles m'obligeaient à vous charger de ces
corvées, et que vous êtes, dans cette occasion, agent unique
et nécessaire.

« Nos compliments à Charles. Ses camarades et les amis de
son père l'attendent ici avec une égale impatience.

« Je finis, ma lettre est longue. Permis à vous, pour m'en
punir, de m'en écrire une dix fois plus longue, et de
nous dire, comme moi, mais avec plus de netteté, tout ce qui
vous a passé par la tête depuis notre départ; je me croirai
récompensé.

« Adieu, bonne âme, ange de paix, dont tant de tourbillons

se jouent à rendre inutile la primitive destination. Nous aime-
rions mieux vous voir et vous savoir en repos qu'en mouvement, conformément à votre essence. Mais, en mouvement
comme en repos, nous vous aimerons toujours également, à
cause de l'incorruptibilité de votre nature. Adieu; aimez-
nous aussi et vivez longtemps. »

Pourquoi tant regretter l'omission de Sainte-Beuve ? Ces
deux passages valent le meilleur des portraits : ils nous
doivent consoler des arabesques précieuses que le critique
eût ajoutées en guise de cadre.

Joubert a trouvé le secret de tout dire en ce peu de mots,
qualités et défauts, avec détails et nuances : il a même insinué
le conseil et la leçon, au voisinage desquels l'éloge s'empreint
d'un air de sincère gravité. Voilà le bon Clausel, vu dans l'intimité de son essence, par le moraliste observateur. C'est
une réduction phsychologique, bien digne de l'auteur des
Pensées.

Il y avait donc de la fougue, de la passion, de l'excès parfois en M. de Clausel—comme en ses deux frères, eux-mêmes
très distingués. L'un, l'abbé de Clausel, bataillait tantôt contre
Lamennais et les rédacteurs du *Mémorial catholique,* tantôt,
en plein conseil royal de l'instruction publique dont il faisait
partie, contre le ministre qui le présidait : cette affaire le força
même à demander un congé et lui valut un séjour à Rome,
où nous le retrouverons. L'autre, Mgr Clausel de Montals,
aumônier de Mme la duchesse d'Angoulême, avant d'être
promu à l'évêché de Chartres (1824), était orateur, écrivain
et polémiste de grand talent. Lorsque parurent les *Martyrs,*
ce fut lui qui « se chargea au nom du clergé de faire justice des horribles impiétés de l'auteur du *Génie du Christia-*

nisme » (1). Lui encore qui prononça l'oraison funèbre du
duc de Berry. Dans la vie du cardinal Pie, Benjamin de
l'évêque de Chartres, la figure de celui-ci s'imposait à l'his-
torien. Voici comment Mgr Baunard le dépeint dans une
page caractéristique :

« Les lettres épiscopales de Mgr Clausel de Montals étaient
vraiment des foudres. Il les forgeait d'abord dans le feu de la
prière et il les trempait dans ses larmes. Mgr Pie raconte qu'un
matin, comme le vieux pontife achevait son oraison devant
son crucifix, il l'entendit réciter avec une chaleur inexprima-
ble le psaume *Miserere* tout entier, auquel il intercalait,
après chaque verset, cette invocation des litanies : *Ut inimi-
cos sanctæ ecclesiæ humiliare digneris, te rogamus, audi nos*.
Quand il s'était fait accréditer d'en haut, il se mettait à écrire,
laissant déborder sa verve, sans trop de souci, il faut le dire,
des ménagements de personnes, et avec la liberté d'un soldat
qui sait mal farder la vérité. Les puissances de l'État, comme
celles de l'opinion, se trouvaient mal des ripostes du vieil En-
telle, qui, à quatre-vingts ans, n'avait pas encore déposé le
ceste. La cour ne l'aimait pas, tout en l'estimant ; l'école le
redoutait ; la presse l'insultait. Lui ne cessait de frapper, de
presser, de parler, *opportune, importune :* le déguisement allait
mal à sa franche nature. « Je n'aime pas, disait-il, la guerre à
coups d'épingle. Quand il faut la faire, je tâche de la faire à
coups de canon. » De telles allures plaisent en France. Chaque lettre de l'évêque de Chartres était un événement dans
la catholicité entière.

« Rome applaudissait à ses coups, et tous les yeux se
tournaient avec admiration vers le vieux lion dont les

---

(1) *Mémoires d'Outre-Tombe.*

rugissements remplissaient l'univers. Tel était Mgr de Montals » (1).

* *

Philosophe au sens du XVIIIe siècle, soldat émigré dans le corps de Condé, conseiller à la Cour de Montpellier, conseiller à la Cour de cassation, député de 1806 à 1827, en ces quelques mots se résume l'histoire de M. de Clausel. Puis ce fut le silence et l'uniformité de la retraite, jusqu'à la mort.

D'abord philosophe, qui l'aurait cru ? « Dans les dix années qui précédèrent la Révolution, toute la jeunesse adorait Voltaire, sauf quelques *sages* qui étaient de l'école de Jean-Jacques Rousseau. » En s'exprimant ainsi, M. de Clausel disait ce qu'il avait vu, il disait aussi ce qu'il avait été : témoin et complice. Le même aveu se reproduit, sous une forme plus explicite et plus vive, dans son livre intitulé *Du sacre de nos rois* (page 505) : « Il est sans doute bien naturel de déplorer les suites du calvinisme ; mais pour regretter qu'on n'ait pas fait contre les calvinistes de France un code pénal semblable à celui qui a été exécuté, pendant deux siècles, contre les catholiques des Iles Britanniques, il faudrait du moins n'avoir pas participé soi-même aux erreurs de la *philosophie* du dix-huitième siècle, fille de la *philosophie* du seizième ; et ce n'est pas l'auteur de cet écrit qui voudrait jeter ni la première, ni la dernière pierre. »

Clausel fut donc séduit un moment aux éloquents paradoxes de J.-J. Rousseau : indice révélateur de l'âme et du caractère, vu la jeunesse du disciple et la force du courant contraire. La mode allait à l'esprit sec et railleur de Voltaire,

---

(1) *Histoire du cardinal Pie*, t. I, chap. III (1839-1844), par Mgr Baunard.

à ses impiétés, à ses plaisanteries indécentes. Clausel se
détourna avec dégoût; il prit pour maître le philosophe de
Genève. C'est que, à travers les exagérations où se complaît
la jeunesse, le cœur du jeune homme avait reconnu là ses
propres instincts magnifiquement exprimés. Sophismes, paradoxes, manière de frapper l'attention publique, folie d'orgueil
chez le philosophe, soit, et je le prétends bien ; mais, au milieu
de tout cela, se rencontrait une part notable et rajeunie de
vérité qui prêtait à l'éloquence, favorisait l'illusion et trouvait
dans les meilleures âmes des points d'affinité. Aussi, plus
tard, vers 1789, lorsque Clausel redevint chrétien, il n'eut
à désavouer aucun des grands mots qui l'avaient enthou-
siasmé : honneur, vertu, sensibilité, sagesse, religion. Répétés
à satiété et à contre-sens par J.-J. Rousseau, ce que ces mots
expriment d'éternellement noble et vrai, Clausel le possédait, dans le fond de son être, à l'état de prédisposition de
nature. C'était, dès sa première jeunesse, son cœur, son
caractère, son instinct. Ce devait être sa loi, son idéal et sa
vie, jusqu'au dernier soupir. La thèse est sophistiquée ; il la
rejettera, pour n'en retenir que les idées saines et en pratiquer les divines réalités. On vit en effet son ardeur philoso-
phique se changer en une piété tendre. Dans sa ferveur
mystique, il rapportait tout à Dieu, subordonnait les intérêts
publics et privés à la religion, appuyait le trône à l'autel, loin
d'asservir l'autel au trône, jugeait les événements du haut
et suprême point de vue de la foi.

L'éloge de la solitude l'avait charmé dans Rousseau. La solitude, il l'aimait avec passion, autrement et mieux que Rousseau ; il y revint avec bonheur et en savoura longuement les
délices. Ayant encore près de dix ans à vivre, il se retrancha
dans son château de Coussergues, au milieu de ses montagnes ;

il s'établit dans « son désert », s'y défendit et s'y maintint
contre les sollicitations de l'amitié ; non toutefois pour y revivre la vie sauvage, pour y fulminer à l'aise contre les vices de
la société. Tous ces grands contempteurs de l'humanité sont
des adorateurs exclusifs de leur moi. — Le moi, propre et
haïssable folie de Rousseau, tenait peu de place dans les pensées et dans les paroles de Clausel. Égoïste, il ne le fut jamais,
et, en cela, il ne subit à aucune époque l'ascendant du maître.
Nous avons appris des témoins les mieux placés pour bien
observer, qu'il était content de son sort au milieu des siens,
bon aux petites gens du village, charitable aux malheureux ;
par ses avis toujours éclairés, comme par la gravité de ses
mœurs, il exerça une sorte de magistrature et de sacerdoce
dans la contrée : le nom de Clausel, très noblement porté par
les descendants du patriarche, n'a pas cessé d'y jouir d'une
légitime popularité (1).

En lui, le philosophe avait survécu aux erreurs de la philosophie du xviiie siècle. Le soldat et le magistrat également
devaient survivre, après l'émigration et après la démission
de conseiller en 1830.

Clausel comptait quatre campagnes à son actif dans le
corps de Condé. A sa rentrée en France, il ne put se dé-
pouiller de l'esprit batailleur — qui était comme une marque
de famille. La vie des camps répondait à bien des particulari-
tés de son humeur, Joubert dirait de son essence. Sa
place de député fut à l'extrême-droite ; il devint un des porte-
voix et des porte-drapeau du parti ultra-royaliste. Vivacité
des convictions, impétuosité du tempérament, brusquerie de
la parole, loyauté chevaleresque, besoin de dévouement, culte
exalté de l'honneur, un caractère fait de ces éléments devait

(1) Le petit-fils de M. de Clausel est président du Conseil général de l'Aveyron.

jeter Clausel aux postes avancés. Aussi s'explique-t-on qu'il
ne soit pas compté parmi les grands politiques de la Restauration, bien que distingué par Louis XVIII dès le principe,
comme l'un des *notables du royaume,* et chargé de travailler
avec les ministres à la rédaction de la charte. Député, pendant plus de vingt ans, il a étudié les questions à l'ordre du
jour et publié de nombreux écrits politiques.

S'il suffisait d'avoir approfondi les problèmes contempo-
rains, aimé le bien public, allié un vaste savoir historique et
juridique à un désintéressement sans réserve, pour prendre
rang parmi les hommes d'Etat, Clausel eût figuré en première
ligne, il eût même distancé les rivaux. Mais cela ne suffit
pas. Il faut en outre, et par dessus tout, une certaine habileté,
un certain tempérament, un certain caractère qui n'étaient à
aucun degré le fait du bon, chevaleresque et ardent Clausel.
C'était un éclaireur, un combattant d'avant-garde, le modèle
des ultras. Le poste qu'il avait choisi n'est pas le bon à qui
veut saisir les mouvements d'ensemble, s'initier aux savantes
combinaisons des stratèges. Si loin du centre, on court risque
de ne plus entendre la voix des chefs, de brûler sa poudre en
pure perte, d'être le martyr de sa cause sans assez de profit
pour elle. Quelque chose de semblable, plus d'une fois, arriva
à Clausel. Une fois surtout. Et cependant, même quand il
oubliait la consigne, quand il s'oubliait, tirailleur obstiné,
— parlons sans figure — même quand il publiait son *Projet*
d'accusation contre le duc Decazes, si l'ultra royaliste cédait
trop à l'impétuosité de sa nature et à la chaleur de ses convictions, cet excès ne l'empêchait pas de mêler à ses vivacités
des observations singulièrement sagaces. Au point de vue
spécial de la légitimité, il semblerait qu'il fût dans le vrai.
Le volume dont je viens de souligner le titre reste, de tous

ceux qu'a publiés Clausel, le plus curieux à relire aujour-
d'hui. Laissons l'exagération qui vise la personne du duc
Decazes ; ne voyons que l'étude des tendances politiques de
1815 à 1820. Cet ultra, peu fait pour commander en premier,
savait néanmoins raisonner en philosophe, discuter en juris-
consulte, prévoir en politique. Œuvre de passion et de
sincérité, comme aussi de science et de talent, ce livre,
tout vibrant des sentiments d'alors, très nourri d'infor-
mations directes et très vivement mené, présente encore
aujourd'hui un intérêt puissant. Comme il se confond avec
l'acte le plus incriminé — le seul incriminé — dans la
longue carrière politique de Clausel, c'est à lui surtout que
je ferai des emprunts : quelques extraits auront le double
avantage de donner au lecteur une idée de l'écrivain et de
l'ultra. On y verra de plus que le sens de l'accusation n'était
pas, Dieu merci, celui d'une complicité personnelle du duc
Decazes dans l'assassinat du duc de Berry, pas plus qu'il ne
l'était du mot fameux de Chateaubriand : « le pied lui a glissé
dans le sang. » Procès de tendances contre le camp libéral
tout entier, dont Decazes était le chef le plus influent parce
qu'il avait l'oreille et le cœur du Roi.

A la fin de son livre, l'auteur a placé cette observation
importante :

« Ce ne sont pas les actes particuliers, objets des différents chefs
« d'accusation qui, considérés séparément, prouveraient le crime de
« trahison, tel qu'il a été prévu par l'article 56 de la charte. Ce n'est
« que de la persistance, pendant plusieurs années, dans des actes
« illégaux ou funestes, que nous avons tiré les motifs d'accusation. »

*
* *

Les prétentions ambitieuses de M. Decazes s'irritèrent bientôt contre
la surveillance légale que la Chambre des députés voulut exercer sur

lui. Un grand coupable condamné par une Cour d'assises, et que le
Roi s'était cru forcé d'exclure de sa clémence, s'évada des prisons de
la Conciergerie. Cet agent de la conspiration du 20 mars était allié de
la branche de la famille de Bonaparte, à laquelle M. Decazes devait
sa première fortune. On soupçonna la police elle-même d'avoir favo-
risé cette évasion. Des reproches directs sur cet outrage à la justice
nationale et à la clémence du Roi furent adressés au ministre de la
police par plusieurs orateurs, pendant la discussion sur la loi d'amnis-
tie. Enfin, une Commission fut nommée dans le sein de la Chambre,
pour examiner la conduite du Ministre dans cette affaire. Ce fut cinq
jours après la formation de cette Commission que M. Decazes osa
dire à la tribune cette parole si étrange dans la bouche d'un ministre
constitutionnel : *Les ministres ne peuvent être menacés que par les
ennemis du Roi.*

M. Decazes commença vers ce temps à faire l'abus le plus coupable
de la censure et de la direction des journaux qui lui étaient confiés,
en faisant calomnier dans ces feuilles toutes les opérations de la
Chambre. Plusieurs propositions avaient été faites dans son sein,
toutes ayant pour but le rétablissement de la religion et l'affermisse-
ment de la monarchie. M. Decazes, ministre du Roi très chrétien, fit
attaquer dans les journaux et la religion et les principes de la monarchie ; ce fut alors que M. Brennet, député de la Côte-d'Or, fit éclater
sur ce sujet les premières plaintes dans la séance du 22 mars : « La
Chambre des députés, dit-il, connue de la France et de l'Europe entière par son amour et son dévouement sans bornes à son Roi et à sa
patrie, veut-elle, par son exemple et ses principes, améliorer l'esprit
public, rétablir la morale, indiquer quelques moyens de raffermir et
de recréer quelques-unes des institutions si nécessaires à l'appui du
trône ? la malveillance, la calomnie, les coteries, dénaturent et em-
poisonnent tout ; les absurdités les plus ridicules se répètent ; il serait
au-dessous de la dignité de la Chambre de les relever, si on n'en trouvait pas aussi des traces dans les feuilles publiques qui paraissent
sous l'influence de l'autorité. »

La conduite de M. Decazes devenant de plus en plus audacieuse,
l'un des secrétaires de la Chambre, organe avoué de la majorité, fit,
à la fin du même mois, une proposition de supplique au Roi pour
demander une loi sur *la responsabilité des ministres.* Personne ne se
dissimula que c'était un acte préparatoire pour accuser le ministre de
la police. Voici comment s'exprime M. de Kergorlay : « La crainte des

conjonctures où nous nous trouvons frappe d'ailleurs assez tous les yeux ; l'évasion d'un grand criminel a excité sur deux ministres des soupçons qui ne sont pas dissipés... Le ministre de la police emploie l'autorité arbitraire qu'il exerce sur les journaux à y organiser une diffamation systématique contre les principes religieux et monarchiques, et contre la Chambre des députés qui les professe. Ce honteux héritage de Fouché, son maître, fidèlement contenu encore par notre réunion, va prendre évidemment, aussitôt après la fin de notre session, un développement séditieux dont il est impossible de calculer les suites. »

La Chambre des députés prit en considération la proposition de M. de Kergorlay ; elle sentit dès lors à quels nouveaux et effroyables dangers exposait la destinée de la France, la conduite si irrégulière, si audacieuse, si machiavélique d'un ministre qui cherchait à se procurer, et qui déjà semblait avoir acquis une prépondérance marquée ; mais des ménagements, qui tiennent à un sentiment profondément gravé dans le cœur de tous les Français, rendirent inutile ce premier mouvement de zèle ; et de vieux amis de la monarchie, oubliant une trop fatale expérience, négligèrent de se conformer aux conseils de la politique la plus sage, et, puisqu'il faut le dire, au plus important de leur devoir.

La Chambre fut séparée au milieu de ses travaux ; le ministre avait annoncé qu'il serait obligé de protéger les députés contre l'indignation des départements : ils furent reçus en triomphe. Le roi aurait pu alors être éclairé sur les véritables sentiments de son peuple ; mais le ministre fit défendre aux journaux de rien dire de cet accueil, qui était une sorte de sanction publique des opérations de la Chambre (1).

.·.

La dissolution de la Chambre de 1815 est l'acte de l'autorité royale le plus étonnant qu'offre l'histoire moderne. Il entre dans le plan de ma proposition d'en examiner les causes et les suites...

Les circonstances avaient malheureusement amené le Roi à conserver une des plus funestes institutions de la révolution, le ministère de la police. L'homme qui en était chargé entreprit d'être, auprès du trône, le seul canal de ce qu'il appelait *l'opinion publique ;* et par les moyens que nous avons déjà exposés, le Roi dut être entraîné à

(1) Pp. 32-35.

douter si la Chambre des députés représentait véritablement les sentiments de la nation, et si en conséquence elle pouvait offrir à la couronne un véritable appui. Dans ce doute, Sa Majesté, dominée par son amour pour son peuple et par sa confiance entière dans les Français, put croire prudent de renvoyer les députés au jugement des assemblées électorales, afin que, s'ils étaient confirmés par un nouveau suffrage, le gouvernement pût marcher avec eux, d'un pas assuré, dans la carrière de toutes les améliorations que leurs premiers travaux avaient indiquées.

Ici commence la série des plus graves prévarications de M. Decazes. Quel devait être, après la dissolution de la Chambre de 1815, le vœu d'un ministre fidèle, affectionné à son Roi, ami de son pays ? Sans doute le vœu d'un tel ministre aurait été que cette Chambre, à laquelle Sa Majesté avait donné les plus touchants éloges, à laquelle la France entière, hors les hommes du 20 mars, avait applaudi, et contre laquelle il ne s'était élevé aucune réclamation, obtînt les nouveaux suffrages des assemblées électorales !

Que fit au contraire le ministre de la police ?

Au lieu de laisser ces assemblées à leur libre détermination, il écrivit des circulaires, les unes publiques, les autres confidentielles, pour exclure les membres de la majorité de la dernière Chambre. Il envoya une multitude d'agents qui, partout, se mirent en relation avec les ennemis les plus ardents de la royauté. Ici, nous rappellerons ce qu'à cette époque un noble Pair dit sur ce sujet, s'adressant à la Chambre des Pairs : « Les intrigues de la police ont mis les partis en présence, elles ont ranimé des factions prêtes à s'éteindre ; l'opinion qui devenait excellente, a sensiblement rétrogradé vers les principes révolutionnaires ; les royalistes ont été consternés ; et comment ne l'auraient-ils pas été à la vue de ces commissaires de police, parmi lesquels ils remarquaient des hommes trop connus dans la révolution, et pendant les Cent-Jours, par leurs erreurs politiques, par leur haine contre les Bourbons ! Pouvaient-ils croire que de tels agents eussent pu être choisis pour apôtres de la légitimité ? Pouvaient-ils comprendre quelque chose à ce renversement d'idées ? Les Jacobins, poussant un cri de joie qui a été entendu de leurs frères en Europe, sont sortis de leurs repaires. Ils se sont présentés aux élections, tout étonnés qu'on les y appelât, tout surpris de s'y voir caressés comme les vrais soutiens du trône. »

Lorsque les agents de M. Decazes ne pouvaient pas dominer une assemblée électorale, ils tentaient d'y opérer des scissions, et de rendre ainsi les élections impossibles. La culpabilité de M. Decazes, relativement à ces scissions, qui eurent lieu dans huit départements, est d'autant plus clairement démontrée que l'année précédente, pas un des collèges électoraux de France n'avait vu se former de pareilles divisions, et que toutes les élections furent complètes en 1815.

Un des principaux moyens de discorde qu'employa ce ministre, fut d'appeler, dans les assemblées électorales, les hommes auxquels il avait fait subir lui-même l'application de la loi du 29 octobre, et qu'il avait en conséquence considérés *comme prévenus de délits contre la personne et l'autorité du Roi, contre les personnes de la famille royale et contre la sûreté de l'État :* ce sont les termes de la loi. Le rappel de ces hommes, le choix des agents du gouvernement, les calomnies atroces qui furent répandues contre les Princes, les déclamations contre les *prêtres* et les *nobles,* que l'on prétendait vouloir rétablir la *dîme* et les *droits féodaux;* tous ces moyens, renouvelés des premiers temps de la révolution, eurent un effet d'autant plus puissant, qu'ils étaient employés par les dépositaires même de l'autorité la plus vénérée. Il s'exerça alors un genre de séduction dont aucun siècle n'avait donné l'exemple : on vit le ministre d'un grand Roi remplir le rôle de *démagogue,* soulever les passions les plus viles de la multitude ignorante, et parvenir à faire proclamer les députés du royaume très chrétien aux cris d'*à bas les prêtres ! à bas les nobles !*

Cependant trente-deux départements résistèrent à de si puissantes séductions, et renvoyèrent les mêmes députés; seize autres départements partagèrent leur députation entre les membres de la majorité de la dernière Chambre et de nouveaux candidats. Ainsi quarante-huit départements furent plus royalistes que le gouvernement du Roi; et les nouveaux députés, qui reçurent ainsi, à juste titre, la qualification d'*ultra-royalistes* (1) (expression certainement nouvelle dans

(1) « Le mot *ultra-royaliste,* inventé par Fouché, n'a été cependant répandu en France que par l'armée de la police qui parcourut la France à l'époque des élections de 1816. Un *ultra-royaliste* était un homme qui voulait rétablir la dîme, les droits féodaux, détruire l'article de la Charte relatif aux biens nationaux, exclure de toutes les places ceux qui avaient servi sous Buonaparte, et mettre tout le pouvoir entre les mains des émigrés : pour tout dire, un *ultra-royaliste* était un partisan de la majorité de la Chambre de 1815...

« Creusez le mot *ultra-royaliste,* et vous verrez qu'il veut dire uniquement un homme opposé au système de M. Decazes, c'est-à-dire un homme qui dit que le *bien est bien* et que le *mal est mal.* C'est donc un homme bien vulgaire qu'un *ultra-royaliste.*

l'histoire du monde) furent dans la nouvelle Chambre au nombre de quatre-vingt-douze; et lorsqu'on considère que tous les moyens de gouvernement légaux et illégaux furent employés pour empêcher la nomination des anciens députés, et qu'il ne s'en fallut cependant que de trente-cinq voix qu'ils n'eussent la majorité, l'on ne peut guère douter que si les assemblées électorales avaient été laissées à leur libre détermination, la nouvelle Chambre n'eût été animée du même esprit que celle de 1815.

Ainsi, le Roi aurait retrouvé la Chambre que Sa Majesté avait daigné appeler *introuvable,* et qu'il avait regardée comme le plus insigne bienfait de la Providence. Comme nous l'avons déjà dit, Sa Majesté avait voulu, dans sa prudence et dans les sentiments de son intime union avec son peuple, avoir un nouveau témoignage de l'opinion de la France : et quand même M. Decazes n'aurait envoyé qu'un seul de ses agents, quand il n'aurait écrit qu'une circulaire pour diriger les élections, il serait évidemment coupable d'avoir empêché la nation de manifester librement son vœu; manifestation qui est le principe fondamental de la Monarchie représentative; et, pour cela seul, il serait coupable, dans de pareilles circonstances, de la trahison la plus criminelle qu'un ministre puisse concevoir envers le monarque et son peuple (1).

*
* *

La session de 1818 s'ouvrit le 10 décembre, et Sa Majesté prononça ces paroles du haut de son trône : « Je compte sur votre concours, Messieurs, pour repousser les principes pernicieux qui, sous le masque de liberté, attaquent l'ordre social, conduisent par l'anarchie au pouvoir absolu, et dont le funeste succès a coûté au monde tant de sang et de larmes. »

On se rappelle l'heureuse impression que ces paroles produisirent dans toute la France; on put espérer enfin le changement du système dont tout l'odieux retombait sur le ministre qui, exerçant la police, avait eu tant de moyens de tromper la confiance du Roi.

Il n'est que ce qu'ont été les honnêtes gens dans tous les temps et dans tous les pays. Il n'y a donc pas grande gloire à l'être, non sans doute, mais aussi, pour être *ultra-royaliste,* on n'est pas un homme fort dangereux à son roi et à son pays. » (Pp. 359-362).

(1) Pp. 42-45.

Peu de jours après, on annonça un changement dans le ministère.

Le 22 décembre, le président du conseil et trois ministres qui partageaient ses opinions portèrent au Roi leur démission ; le ministre de la police et ses deux amis portèrent la leur le 23. Mais avant la formation du nouveau ministère, M. Decazes voulut, dans un seul acte, détruire le plus beau titre que se fût acquis la France depuis la Restauration, la loi qui, punissant les régicides, avait rendu un hommage éclatant à l'inviolabilité des Rois. Ainsi, M. Decazes, s'il ne pouvait conserver le ministère, s'assurait l'appui qu'il croyait le plus précieux pour lui, en acquérant tous les droits à la reconnaissance des premiers représentants de la Révolution (1).....

Je commencerai par remarquer que les vingt-huit juges de Louis XVI à l'égard desquels le ministre faisait déclarer à Sa Majesté que la loi du 12 janvier n'était pas applicable, avaient notoirement signé l'acte additionnel et accepté des emplois ou fonctions de l'usurpateur pendant les Cent-jours. On ne pouvait trouver un motif de ne pas leur appliquer la loi, que dans le cas où une condition opposée à leur vote eût empêché de compter leurs suffrages dans le recensement du nombre des votants, d'après lequel le Roi fut condamné à *mort*. Or, sur ces vingt-huit, il y en a sept qui prononcèrent la mort purement et simplement.

Le ministre a donc évidemment surpris, à l'égard de ces sept régicides, la religion de Sa Majesté et violé la loi du 12 janvier, sans aucune espèce d'excuse (2)...

Cet acte qu'on ne sait comment qualifier, n'est qu'une conspiration tramée dans l'ombre, contre l'honneur de la couronne et de la nation française, et contre les droits de la puissance législative.

Ce caractère de conspiration est d'autant plus marqué dans ce rapport au Roi, que M. Decazes, bien loin d'en avoir délibéré dans le conseil, n'en avait donné aucune connaissance à ses collègues, ce qui semblerait suffisamment prouvé par cette phrase du rapport : « Si Votre Majesté daigne donner son assentiment à ces propositions, j'ose la prier de vouloir bien le témoigner en approuvant le présent rapport, afin de me mettre en mesure de donner connaissance à nos collègues, chacun en ce qui concerne son département, des dispositions adoptées par Votre Majesté. » Mais ce défaut de communication aux autres ministres est démontré par cette autre phrase du rapport : « *Le conseil*

(1) Pp. 76-77.
(2) P. 79.

avait pensé en 1816 que les membres des collèges électoraux qui avaient siégé pendant les Cent-jours, soit au champ de mai, soit au collège de leur département, étaient passibles des dispositions de l'article 7 de la loi du 12 janvier; *je ne pense pas,* etc. (1).... »

Il m'est impossible de ne pas remarquer, pour l'honneur de la France, au sujet de cette clandestinité, que M. Decazes a rendu au peuple français le même hommage involontaire que lui rendit la Convention, en refusant l'appel au peuple. Lorsque l'histoire rappellera la rentrée des régicides, elle dira aussi que le ministre qui commit ce crime, n'osa pas, malgré son audace, offrir un tel acte aux yeux des Français ; que cet acte n'a jamais pris place dans le recueil de nos lois, et qu'il n'a point souillé l'audience de nos tribunaux.

Les mêmes rapports de police qui avaient trompé le Roi sur l'opinion de la nation française, au point d'obtenir la signature de Sa Majesté pour la rentrée des régicides en France, servirent aussi à livrer à M. Decazes la formation du nouveau ministère, dont l'unique lien fut l'engagement commun à maintenir cette loi d'élection qui devait faire arriver les régicides jusqu'à la Chambre (2).

Suivent une quatrième partie : *De la culpabilité ministérielle de M. Decazes dans l'assassinat de M. le duc de Berry,* et une cinquième partie : *Des atteintes portées par M. Decazes à la religion de l'État, à toute religion, et à la morale universelle.*

De la quatrième, je ne citerai rien : il suffit de relever le mot culpabilité *ministérielle,* qui la résume et en limite le sens.

De la cinquième, pleine de tristes vérités, voici le passage le plus vif. Dioclétien y est comparé et — naturellement — préféré à M. Decazes :

On ne peut comparer ce crime qu'à celui qu'aurait commis un ministre de Constantin, s'il eût fait exécuter les lois impies de Dioclétien.

(1) Pp. 81-82.
(2) P. 83.

6

Mais que parlè-je de Dioclétien! ses lois étaient des actes de vertu auprès d'une loi du ministère de M. Decazes : ces lois prononçaient des peines contre ceux qui méprisaient la religion de l'État, et M. Decazes a encouragé par une loi ceux qui outragent la religion de l'État. Dioclétien avait pour excuse les préjugés de la naissance et le respect pour les antiques lois de Rome; M. Decazes et ses complices ont au contraire commencé par fouler aux pieds les institutions héréditaires et la religion même qui avait fondé la monarchie. La loi *athée* qui a été votée dans la séance du 17 mai 1819, a été un crime *nouveau sous le soleil,* et, sans aucun doute, la plus grande injure qui ait été faite au Dieu créateur, depuis la propagation de l'Évangile.

L'assemblée dite constituante, qui voulut faire apostasier la France, en refusant de reconnaître que la religion catholique était la religion de l'État, cette assemblée supprima les peines contre le sacrilège et le blasphème; mais ce fut une simple omission dans son code pénal. La Convention et Buonaparte, en publiant de nouveaux codes, ne firent qu'imiter ce silence. Il était réservé au ministère de M. Decazes d'exclure le nom de Dieu des lois françaises, par une délibération solennelle et par l'opposition *formelle* des orateurs du gouvernement aux réclamations les plus vives d'une grande partie des députés de la France.

*
* *

J'ose dire que nous n'aurons fait un pas vers le véritable établissement du gouvernement constitutionnel que lorsque nous aurons mis d'accord nos mœurs avec nos lois : que lorsqu'on jugera qu'il est permis de préférer les grands intérêts de la monarchie à un administrateur quelconque sans passer pour un homme impoli, dur et même haineux.

Par exemple, M. de Saint-Aulaire et M. Courvoisier m'ont reproché ma *haine* contre M. Decázes. Bien loin de haïr M. Decazes, c'est certainement l'homme au monde que je plains le plus : et je le plains en raison de la conviction où je suis du mal incontestable qu'il a fait à la France et à l'Europe, en y ranimant, pour l'intérêt propre de sa fortune, l'esprit de toutes les révolutions. Quel mal plus grand peut-on désirer à un homme qui est condamné à porter le poids d'une semblable responsabilité ?

Aussi, l'objet de ma proposition d'accusation n'a été autre que l'intérêt de mon pays. J'ai cru que tout serait perdu, si un ministre pouvait impunément sacrifier l'état à soi.

J'ai lu dans le *Moniteur* que M. Courvoisier, après m'avoir reproché ma haine, dans la séance du 12 juillet dernier, avait ajouté que l'ancien ministre répondrait au libelliste par le *mépris*. Je ne puis me dispenser de dire un mot sur ce sujet :

M. Decazes était encore enfant, que j'avais sacrifié mon patrimoine, et que j'exposais tous les jours ma vie pour la défense des justes droits du trône et des antiques lois de mon pays.

Il était commis dans les bureaux d'un ministère, lorsque, par la bienveillance de mon département, j'avais été porté, sans intermédiaire, de la position d'*émigré rentré* à celle de député au Corps législatif. J'étais réélu au Corps législatif, et j'avais été nommé sans l'avoir demandé, et même sans le savoir, à la place de conseiller à une Cour d'appel, lorsqu'il était encore à solliciter une place de secrétaire chez Mme *Lœtitia Buonaparte*.

A l'époque de la Restauration, j'eus l'honneur d'être mis par Sa Majesté au nombre des commissaires chargés de discuter la rédaction de la Charte; tandis que M. Decazes n'avait pu montrer son zèle pour son ancien maître, qu'en sortant aux barrières en qualité de volontaire de la garde nationale, pour faire une bien faible et inutile *parade* contre les armées de l'Europe, qui allait nous rendre le gouvernement de nos Rois.

Enfin, dans la première moitié de 1815, je me trouvais dans un rang supérieur au sien, et dans la même hiérarchie. J'avais l'honneur d'être conseiller à la Cour de Cassation, lorsqu'il avait l'honneur d'être conseiller à la Cour Royale de Paris.

Depuis, il est devenu pair [par la grâce du Roi], et j'ai été nommé député pour la quatrième fois en 1816, quoique, pour m'exclure, on eût abusé du nom du Roi.

Je ne puis donc consentir à cette énorme distance politique où M. Courvoisier a voulu me placer à l'égard de M. Decazes : et si cet ancien ministre ne me répond pas, je le préviens qu'on n'attribuera son silence qu'à la difficulté de la réponse (1).

(1) Pp. 170-172.

*
* *

Clausel rendit à Chauteaubriand des services littéraires, articles, éditions abrégées, à lui demandés par son illustre ami.

Mais je le soupçonne d'en avoir rendu un bien plus essentiel dans les premières années de leur liaison, et que Chateaubriand ne songeait guère à solliciter.

D'accord avec Fontanes et Joubert, — Fontanes auquel il reconnaît devoir beaucoup, et dont il recommandait à ses enfants et petits enfants de se souvenir devant Dieu, — Joubert dont il occupa si souvent la pensée et qui l'a crayonné si vigoureusement, — Clausel dut travailler au rapprochement des deux époux.

Dès que Mme de Chateaubriand et M. Clausel de Coussergues se connurent, charmés l'un de l'autre, ils se lièrent d'étroite amitié. Les deux âmes étaient en parfait accord. Bon, religieux, ardent, dévoué, délicat, discret, Clausel n'avait-il pas tout pour plaire à l'ardente, pieuse et fière Bretonne ? Elle, de son côté, quelque pénétrante qu'elle fût, ne démêlait, au fond de cette droite nature, rien qui ne fût selon ses goûts.

M. et Mme de Chateaubriand étaient réunis depuis un mois. L'assassinat du duc d'Enghien, crié dans les rues, vient aux oreilles du nouveau ministre. Aussitôt Chateaubriand écrit au premier Consul une lettre de démission. Clausel arrive sur ces entrefaites. Mis dans la confidence, il fait supprimer de la lettre « quelques phrases de colère » « par pitié pour Mme de Chateaubriand. » On devine la reconnaissance de l'épouse terrifiée. L'amitié s'en accrut et la confiance n'eut plus de bornes.

Mme de Chateaubriand ne mettait pas le monde dans ses confidences, avons-nous dit : elle était trop fière. Mais avec M. de Clausel, elle n'eut pas de secrets. Certes, Joubert aussi était un ami de cœur, un intime confident à qui elle pouvait tout dire; et Fontanes également, sans nul doute. Mais Fontanes, captif de ses grandeurs, était tenu de court à la chaîne impériale. Et Joubert était si souvent absent ou malade. Et si souvent elle-même avait besoin de consolations !

Quand Mme de Chateaubriand se sentait le cœur trop gros, ou que, son mari courant le monde, elle restait seule, uniquement occupée à broyer du noir, ou lorsqu'elle était consignée dans sa chambre de malade, et, plus tard, lorsqu'elle eut à traiter pour son Infirmerie avec les autorités civiles et religieuses, c'est le bon Clausel qu'elle invoquait, c'est à lui qu'elle se recommandait, sur lui qu'elle comptait.

Aussi en était-elle venue à l'appeler, reine toujours obéie, son *serviteur Clausel,* son *cher ministre.* Sa correspondance débute par ce petit billet :

Ce vendredi.

Vous devriez bien venir aujourd'hui faire maigre avec nous.

Si vous ne pouviez pas absolument venir dîner, venez, je vous en prie, de bonne heure ce soir. M. de Chateaubriand sera sorti : je pourrai vous raconter mille choses qui me tourmentent.

Non seulement Clausel, ainsi appelé, arrivait avec empressement; mais, le plus souvent, il devançait l'appel.

Un autre billet de la même époque ne porte que cette ligne :

Venez donc dîner avec moi : je suis seule et malade.

En 1805 et 1806, « Clausel venait passer les soirées chez Mme de Chateaubriand avec Fontanes, Joubert et Molé, » au dire des *Mémoires d'Outre-Tombe.*

Pendant le voyage de Jérusalem, « Clausel allait tous les jours, » c'est lui qui l'écrit, « chez Mᵐᵉ de Chateaubriand; » il lui tenait fidèle compagnie, la rassurait, lui racontait les nouvelles du jour et prenait ses ordres.

Quelquefois elle n'attendait pas l'heure habituelle de ses visites. Un jour, entre autres, des bruits sinistres circulèrent dans Paris, au sujet du voyageur pèlerin. Hors d'elle-même, elle écrivit à Clausel :

On sait par M. de Choiseul que M. de Chateaubriand n'a pas pu continuer son voyage et qu'il a été arrêté en Syrie. Dans une heure je serai chez vous, afin que vous me disiez ce que je dois faire pour me tirer de l'inquiétude mortelle où je suis depuis deux heures.

Le soir du jour où Clausel avait reçu ce billet et la visite de Mᵐᵉ de Chateaubriand, il dînait chez Fontanes, en compagnie de l'abbé de La Trappe et de MM. Molé et Rendu.

On s'entretint du cher absent; on s'avoua qu'il y avait lieu d'être inquiet sur son sort, et l'on reconnut que sa femme était bien à plaindre. Sans doute Clausel avait traduit les terreurs dont il venait d'être le témoin et, autant que possible, le consolateur.

Deux autres billets de ces premières années, — on se voyait trop pour s'écrire longuement, — ne contiennent que ces courtes lignes :

J'espère que vous n'avez pas d'engagement pour aujourd'hui. Venez donc dîner avec moi. Je suis seule encore, et nous sommes dans un temps où l'on rêve bien noir dans la solitude.

M. de Chateaubriand est à la campagne. Vous ferez une belle charité de venir dîner avec moi. Vous consoleriez une affligée. — S'il ne fait pas d'orage, ce soir, nous irons prendre des glaces au café.

Elle n'est plus seule. **Voici de petites invitations à dîner** avec Chateaubriand — en famille. « Et vous savez, mande-t-elle à Clausel, que vous en êtes. »

N'oubliez pas l'affaire de Mme Dutilleul. — Voulez-vous venir dîner avec nous ? On a grand besoin de fulminer ensemble. Faites-vous maigre ou gras ?

Mon cher ami, nous dînons à cinq heures précises, parce que nous allons à six chez la bonne duchesse [de Lévis]. Venez donc à cette heure, vous mangerez une poule au riz.

Nous dînons en famille dimanche prochain, et vous savez que vous en êtes. — N'allez donc pas vous engager pour ce jour-là, nous ne vous pardonnerions jamais.

Je ne dîne pas demain chez moi. Ainsi n'abandonnez pas M. de Chateaubriand, et venez lui tenir compagnie. Vous dînerez mal, mais vous causerez et vous l'empêcherez d'aller au cabaret.

Mme de Levis vient dîner avec nous, nous vous avons promis à elle ; nous serons seuls ; nous bavarderons à notre aise.

J'en fais mon affaire avec Mme de Lévis ; dites que vous aviez promis et que je vous dévisagerais si vous manquiez à votre parole. Le salut de l'État en dépend. Je vais écrire à Mme de Lévis.

Vous savez que nous dînons ensemble. Je vous le rappelle, parce que je me défie de vos distractions.

Nous sommes obligés de manger aujourd'hui notre quartier de chevreuil ; venez donc le manger avec nous.

Ces petits billets prouvent que Clausel était traité par M. et Mme de Chateaubriand sur le pied de la plus complète intimité.

Une de ces invitations mérite d'être mise à part et remarquée, en ce qu'elle nous révèle Mme de Chateaubriand occupée des *Martyrs* et, qui plus est, de Velléda. Celle qui prétendait n'avoir pas lu deux lignes des ouvrages de son mari a tout l'air de connaître l'épisode tant reproché à l'auteur, par les rigoristes de l'Empire, — et surtout par le propre frère de Clausel, le futur évêque de Chartres. D'autre part, l'invitation cadre très bien avec le charmant récit de Sainte-Beuve sur la lecture d'essai faite aux amis convoqués, — si bien que je ne puis ne pas donner au billet l'accompagnement du récit :

Soyez assez aimable pour venir dîner aujourd'hui avec nous en petit comité. Nous lirons *la Druidesse*.

«On raconte sur cet épisode de Velléda une anecdote dont le critique doit naturellement s'emparer pour en faire une leçon. Cette anecdote, je l'ai fait maintes fois redire à d'anciens amis de M. de Chateaubriand, à des amis de son bon temps et de sa jeunesse, avant ce je ne sais quoi de poli et de glacé qu'ajoute la gloire. M. de Chateaubriand était revenu à Paris de son pèlerinage à Jérusalem, il avait acheté (automne 1807) dans la vallée d'Aulnay, dans ce qu'on appelait *la Vallée aux Loups*, un petit enclos qu'il travaillait à embellir et à planter, tout en mettant la dernière main aux *Martyrs*.

« Quand l'ouvrage fut terminé, vers le printemps de 1808, il convoquait chaque dimanche ses amis de Paris pour leur lire quelque livre du nouveau poème : c'étaient Mme de Vintimille, MM. de Fontanes, Joubert, Molé, Pasquier, peut-être encore M. Gueneau de Mussy. Voilà, je crois, tout le petit cercle au complet. Ce dimanche-là, c'était l'épisode de *Velléda* qu'il avait à lire. Il commence : au bout de quelque temps, l'auteur s'aperçoit, au silence des auditeurs, que la lecture ne prend pas. Sa voix s'altère ; il continue pourtant, il achève. Suit un grand silence. Fontanes, à la fin, prend la parole : c'était à lui, en effet, qu'il appartenait de parler pour briser la glace et pour proférer, au nom de tous, l'oracle du goût : « Eh bien ! ce n'est pas cela, vous vous êtes trompé... » Et il entra dans quelques détails ; probablement l'auteur n'avait pas su

concilier d'abord ce qui convenait à la situation délicate d'Eudore qui se confesse, et à l'intérêt si vif du souvenir qu'il doit
retracer; il penchait trop d'un côté ou d'un autre. Quoi qu'il
en soit, à la suite de Fontanes, tous parlèrent. Mme de Vinti-
timille (c'est le rôle des femmes) essaya de relever les beaux
passages, de montrer qu'il y aurait peu à faire pour réparer,
pour perfectionner. Chacun fit de même. M. de Chateaubriand
écoutait en silence, puis il répondit; il essaya longtemps de
résister et d'opposer ses raisons. Cependant une larme roulait
dans ses yeux : il dit qu'il essayerait de remanier, de refaire,
de faire mieux, mais qu'il ne l'espérait pas. Huit jours après,
jour pour jour, c'est-à-dire le dimanche suivant, les mêmes
amis étaient convoqués pour entendre cette même *Velléda,*
et l'épisode, tel que nous l'avons, était accueilli d'eux avec
ravissement, avec un applaudissement sans mélange (1). »

« MM. de Fontanes, Joubert, Pasquier, peut-être encore
M. Gueneau de Mussy, voilà, je crois, tout le cercle au
complet. »

Et M. de Clausel? toujours supprimé! Il en était, cependant, de ce cercle intime, et, à coup sûr, il y était ce jour-là.
Nous venons de lire le billet d'invitation. La preuve est
assez bonne, je pense.

A l'incomplète énumération, peut-être conviendrait-il
d'ajouter un autre nom, celui de l'illustre compatriote de
Clausel, M. de Bonald. Dans le billet suivant, Mme de Chateaubriand le range parmi les vieux amis :

N'allez pas oublier que c'est demain que nous dînons tous ensemble, les Joubert, Bonald, vous (Clausel), enfin tous les anciens amis.

(1) *Chateaubriand et son groupe littéraire,* t. II, p. 41.

S'adjugeant la liberté de reconstituer le groupe des premiers auditeurs de *Velléda*, Sainte-Beuve ne risquait pas d'user des droits de l'hypothèse en faveur de M. de Bonald, pas plus qu'en faveur de M. de Clausel.

Eh bien! quoi qu'il en ait, le nom de Clausel vivra, inséparable du groupe littéraire. A défaut des titres, déjà fort respectables, qui lui sont personnels, l'amitié de ces hommes illustres, Chateaubriand, Fontanes, Joubert — « Joubert le plus délicat des amis et des juges (1) », — serait à elle seule une vraie gloire pour Clausel. On n'est pas l'ami de tels hommes sans s'égaler à eux par quelque supériorité, ou par un ensemble de dons et d'éminentes qualités.

Au surplus, les lettres de Mme de Chateaubriand suffiraient, j'en ai la confiance, pour sauver de l'oubli la mémoire de cet homme de bien, pour lui assurer un noble et durable souvenir.

*
* *

Les billets insérés plus haut remontent aux quatre premières années de la réunion des époux.

Dans l'intervalle de 1804 à 1809, pas d'autre correspondance. Clausel faisait de très longs séjours à Paris. On se visitait très souvent, ou, pour mieux dire, on se voyait tous les jours. Quelques lignes d'appel, d'invitation, et l'on accourait l'un chez l'autre.

Les lettres proprement dites commencent en 1809.

Clausel se trouvait dans l'Aveyron, à Rodez, chez M. de

(1) Sainte-Beuve.

Cassan de Floyrac. Mme de Chateaubriand lui écrit de Méréville :

Méréville ce 21.

Vous savez la part que je prends à tout ce qui vous touche. Je suis désolée que la santé de Mme de Clausel vous donne encore de l'inquiétude, mais j'espère que les eaux vont achever sa guérison et que vous pourrez revenir à Paris avant la fin de septembre. Songez, mon cher, que vous avez besoin de l'Université et que l'Université a besoin de vous ; tous ses membres futurs vous attendent comme des gens qui seront enchantés de vous voir siéger au milieu d'eux, — d'où vous pourrez encore venir siéger, crier, disputer et dogmatiser à nos petites soirées, que nous espérons rétablir cet hiver.

A présent que je sais votre adresse, je vais me mettre à vous écrire de longs bavardages ; mais, pour aujourd'hui, je ne vous donnerai que ce petit signe de vie, parce qu'en effet je vis à peine, tant je suis accablée par une de mes grandes migraines.

Nous sommes depuis trois semaines à Méréville, où nous resterons jusqu'au 1er septembre que nous irons rêver avec le grand rêveur, sur les bords de l'Yonne.

Il était fort question en 1809 d'appeler Clausel au Conseil de l'Université : « L'Université a besoin de vous, » lui écrivait son amie ; et Joubert, à peu de temps de là, lui faisait la même déclaration en termes presque identiques : « Il faut à l'Université des hommes comme vous. »

Un mot de la lettre de Joubert permet de supposer qu'il était également question de le rendre à la magistrature, objet de son premier choix : « Soyez toujours le doux et ardent Clausel dont je suis persuadé que les avis vaudront mieux que les lois. »

Pendant que Fontanes et Joubert l'appelaient à eux, Cambacérès, son ancien collègue à la cour des aides de Montpellier, avant la révolution, travaillait à le faire nommer conseiller à la cour de cette même ville. Clausel penchant de ce côté, la nomination se fit en 1808, disent les dictionnaires biographiques, en 1811, dit la notice contenue dans l'ouvrage intitulé, *le Tribunal et la Cour de cassation*(1) ; c'est la dernière date qui est la bonne.

Clausel était à Paris, selon toute vraisemblance, quand Mme de Chateaubriand lui envoya, en guise d'adieu, cette lettre incomplètement datée. Les enfants de M. de Clausel la supposent de 1810 ou 1811.

> Val-de-Loup, ce 31 mai.
>
> Nous partons sans vous voir. Nous allons passer un grand mois chez le tuteur de nos neveux, et avec nos neveux, qui sont aimables et les meilleurs enfants du monde. Je suis désolée de partir sans avoir pu *bavarder* avec vous. Ecrivez-moi au moins, vous n'êtes plus enseveli au fond de vos montagnes, pour qu'on vous permette de ne pas donner signe de vie.
>
> Vous qui connaissez tous les prêtres, faits et à faire, ne pourriez-vous, mon cher ami, m'indiquer un excellent précepteur ? C'est pour le fils de Mme de Villeneuve, fille de M. de Ségur. En rendant un fort grand service à Mme de Villeneuve, vous en rendriez un égal à la personne que vous placeriez auprès d'elle ; c'est une femme parfaite et une sainte. Répondez-moi sur cet article. Mme de Villeneuve sera à la campagne avec moi, et je serais bien aise de pouvoir lui donner, au moins, de l'espérance : elle ne peut agir elle-même, car elle est mourante de la poitrine.
>
> Voici mon adresse : à Verneuil, par Meulan (Seine-et-Oise).
>
> Adieu, vous savez comme M. de Chateaubriand et moi vous aimons, et comme nous comptons l'un et l'autre sur votre amitié.

M. de Clausel dut se mettre aussitôt en campagne, heureux de rendre le double service auquel Mme de Chateaubriand le conviait. A son tour, il se vit dans le cas de lui écrire en solliciteur, et certes, le cher ministre en avait mille fois le droit. La réponse lui vint à Montpellier. D'après Mme de

---

(1) Notices sur le personnel (1791-1879) recueillies et publiées avec l'autorisation de M. le Garde des Sceaux, par les soins du Parquet de la Cour. — Paris, imprimerie nationale, MDCCCLXXIX (L. de Raynal, ancien procureur général).

Chateaubriand, « ce serait la plus longue lettre quelle ait jamais écrite. » C'est aussi l'une des plus spirituelles échappées à sa verve. Chaque phrase, chaque mot presque, garde comme un reflet de son aimable et piquant sourire.

Val-du-Loup, ce 27 juillet 1811.

Bien que l'air et le ton de """, me déplaisent également, il suffit, mon cher ami, que vous l'aimiez pour que j'aie un grand plaisir à faire quelque chose qui lui soit agréable. J'irai donc incessamment à la marine, solliciter un *brevet de mort* pour son neveu.

Je vous défie de nous écrire d'un pays plus chaud que le nôtre; voilà deux jours qu'on ne peut respirer. Il est vrai qu'il y en a trois qu'on se chauffait à grand feu : pour le chaud, c'est la saison; pour le froid, c'est la comète. — Vous avez grand tort de comparer le lieu où nous vivons au paradis terrestre; si ce n'est qu'on y trouve aussi des *serpents*, et, si vous avez à Montpellier des procès à débrouiller et des chicanes à réprimer, nous avons ici des voleurs à pendre; en conséquence, M. de Chateaubriand vient d'être nommé *juré*, pour juger les pauvres gens qu'il renverra sur les grands chemins sains et saufs, s'il plaît à Dieu. Mais ce qui nous déplaît beaucoup à nous, c'est que nous voilà obligés d'aller à Paris, et il est si triste et si justement triste en ce moment que rien qu'à y penser on tourne à la mort. Pas une âme, ou sinon des âmes en peine; des rues désertes, des maisons vides et des arbres poudrés à blanc, voilà ce que nous allons trouver.

Il nous serait beaucoup plus agréable d'aller vous faire une petite visite dans votre cabinet exposé au nord et placé au milieu d'une belle campagne; mais on ne peut pas dire à présent, voyage qui voudra. Nous vous attendons donc ici; car vous y viendrez, et j'espère même que vous y resterez; et, comme alors vous serez questeur, nous *aurons une voiture.*

Joubert est dans l'admiration et dans l'attendrissement des lettres que vous lui écrivez, d'où je conclus que ce ne sont pas vos chefs-d'œuvre. Il est retombé dans sa manie *universitaire;* il n'a pas de plus grand bonheur que de pouvoir s'enfermer avec quelques inspecteurs, recteurs ou proviseurs, et de les *pérorer* tant et si longtemps qu'il est ensuite obligé de se coucher pendant huit jours et qu'il a le plaisir de se plaindre éternellement. M. de Bonald est ici depuis un mois, mais nous ne l'avons point vu, du moins moi. M. de Chateaubriand l'a rencontré l'autre jour, chez le restaurateur. On dit qu'il s'est livré aux petits littérateurs; il les a choisis pour ses amis et pour ses juges. Il a grand tort pour l'avenir, mais il a raison pour le présent. Il paraît qu'il veut des trompettes pour son nouvel ouvrage; il est vrai que celles d'aujourd'hui ne retentissent pas au loin, mais elles assourdissent ceux qui sont près.

Nous avons ici depuis huit jours un vent épouvantable, tantôt froid, tantôt chaud, c'est-à-dire aussi extraordinaire que la saison. Comme je ne suis point mélancolique et que j'ai passé l'âge où l'on aime à soupirer, je n'aime ni le vent ni la lune; je ne me plais qu'à la pluie pour mon gazon, et au soleil pour me réjouir. Mais voilà une des plus longues lettres que j'aie jamais écrites. Aussi je permets bien à votre distraction de penser à autre chose en la lisant. Souvenez-vous seulement toujours du tendre et sincère attachement que je vous ai voué.

J'ai le plus grand plaisir à recevoir de vos lettres, je les lis très bien; ainsi ne m'imputez point votre silence.

De 1811 à 1817, pas de lettres; rien que deux petits billets, dont l'un est assez mystérieux :

Nous vous avons attendu hier toute la journée; il nous tarde de savoir des nouvelles de votre *mission*, et d'autant plus qu'il est bien nécessaire que M. de Chateaubriand soit au fait de tout ce qui se passe en ce moment, venez donc le plus tôt possible, je vous en prie.

Venez ce soir, car nous aurons nos parents de Saintes, les plus ennuyeux du monde : si vous venez dîner, vous aurez du veau aux pois et des laitues au jus. Salut et fraternité! car, enfin, je veux me mettre au style le plus prochain.

Pour une longue période de six ans, c'est tout. A quoi faut-il attribuer l'interruption? Les lettres de 1811 et de 1812, aussitôt lues furent-elles brûlées par prudence, le régime impérial devenant plus policier à mesure qu'il se sentait plus voisin de la chute? Ou, peut-être, s'était-on imposé de part et d'autre le sacrifice de ne plus s'écrire du tout, un conseiller ne pouvant correspondre, sans éveiller les méfiances du pouvoir, avec ces incorrigibles frondeurs de Chateaubriand?

Ou bien, tout simplement, cette partie de la correspondance
s'est-elle perdue dans la suite, comme la série de 1818 à 1826,
et celle de 1828 à 1838 ? — Les unes et les autres sont-elles
devenues la proie des flammes, dans l'incendie qui dévora
le vieux château de Coussergues en 1860 ?

Toujours est-il qu'à aucune époque l'intimité de Mme de
Chateaubriand et de M. de Clausel ne subit de variations :
elle était de celles qui doublent leurs nœuds au milieu des
entraves.

Pendant l'hiver de 1813 à 1814, M. de Clausel se tint à
Paris, observant de près les divers actes de la tragédie que
l'Europe en armes jouait sous ses yeux. On approchait du
dénouement. Le cercle de fer et de feu se resserrait autour
de la capitale.

De jour en jour, d'heure en heure, il devenait plus évi-
dent que Napoléon, malgré son génie et l'héroïsme de ses
soldats, succomberait sous le nombre. « Chacun, dit l'auteur
des *Mémoires d'outre-tombe,* s'occupait du parti qu'il aurait
à prendre dans la catastrophe prochaine. Tous les soirs, mes
amis venaient causer chez Mme de Chateaubriand, raconter et
commenter les événements. MM. de Fontanes, Clausel et
Joubert accoururent avec la foule de ces amis que donnent
les événements et que les événements retirent. »

On sait ce qui advint : les Alliés dans Paris, Napoléon à
Fontainebleau, la brochure de *Buonaparte et des Bourbons,*
l'île d'Elbe, Louis XVIII à Paris, la Charte octroyée.

Clausel avait adhéré, comme législateur, à la déchéance de
Napoléon. Il fut nommé membre de la commission formée
par le Roi pour travailler à la rédaction de la Charte.

La première année de la Restauration n'était pas encore

accomplie, quand la rentrée en France de Napoléon jeta la
cour et le pays dans la stupeur. Louis XVIII fut magnifique
de sang-froid et de royale dignité. Il fallait autre chose pour
sauver la situation. Les aigles impériales précipitaient leur
vol. Force fut de se résigner à fuir devant elles. Le Roi partit
dans la nuit du 19 au 20 mars. Le 20, à huit heures du soir,
l'exilé de l'île d'Elbe se présentait à la barrière d'Italie.
D'autres que Louis XVIII avaient les meilleures raisons de ne
pas attendre l'Empereur. Parmi ceux que Napoléon n'aurait
pas épargnés, le plus exposé peut-être était l'auteur du terrible
pamphlet contre *Buonaparte*. On se rendit compte en haut
lieu du danger particulier que courait Chateaubriand. Le
chancelier lui dépêcha, vers minuit, l'ami Clausel, pour lui
annoncer le départ du Roi et pour lui remettre une somme
de 12,000 francs.

Puis viennent les petits Cent-jours. C'est aux notes de
de Mme Chateaubriand qu'il en faut demander le pittoresque
et nerveux récit.

Les lettres qui vont suivre contiennent de vives allusions
aux choses de la politique, à la différence des lettres qui remontent à l'Empire, lesquelles sont rigoureusement muettes
sur ce chapitre.

Malgré toute son admiration pour le « grand homme », et
son excessive sévérité pour les serviteurs de la légitimité, on
ne peut s'empêcher de voir, dans cette différence, un hommage
à l'esprit libéral de la Restauration, et d'autant plus significa-
tif qu'il était moins voulu.

Ce vendredi 3 octobre (1817).

Mme de Levis me mande que vous êtes souffrant; aussitôt j'oublie
toutes vos iniquités, et je vous conjure de nous écrire un petit mot
pour nous rassurer. Soignez-vous bien; ne vous épargnez pas *Laënnec*;

songez que vous vous devez à votre famille, à vos amis, et que vous rendrez compte à Dieu du salut de votre corps, aussi bien que de celui de votre âme.

Que dites-vous de notre retour? Je suis sûre que vous en êtes enchanté; en attendant, veuillez nous donner quelques pauvres petites nouvelles; et surtout, mettez-nous au fait de la situation des *esprits*. Que dit-on de la nomination du sieur Molé (1), Pair des Cent-Jours, *correcteur de l'acte additionnel,* comte de Tufière s'il en fût, et rénégat par excellence? Il paraît que les pauvres ultras ne se lasseront jamais de tirer les marrons du feu et d'étayer le ministère pour l'empêcher de tomber.

Mme de Clausel est-elle arrivée? J'ai un grand empressement de la voir et de faire sa connaissance.

Adieu, mon cher Ultra, soyez-le toujours. Ce n'est pas le moyen d'avoir le vent en poupe; mais c'est celui d'avoir l'âme en paix.

Voici mon adresse : A. Lonné, chez Madame la comtesse d'Orglandes, par Beslême, département de l'Orne.

Samedi 7 (1817).

M. de Chateaubriand vous aura dit, mon cher ami, combien j'étais désolée de ne pouvoir aller savoir des nouvelles de Mme de Clausel et de vous tous ; mais vous savez ce que c'est qu'une reprise de catarrhe, avec des crachements de sang; je suis donc condamnée à rester chez moi, où, d'esprit et de cœur, je ne cesse d'être avec vous.

A demain, si je suis mieux.

[1817]

Peste soit de votre rue Cassette, nous ne vous voyons plus! Venez au moins dîner aujourd'hui avec nous. Vous avez fait de si belle besogne, hier, à votre Chambre, que nous sommes pressés de vous en faire notre compliment. Hier au soir, Corbière, Villèle et Labourdonnaye avaient l'air de trois chiens fouettés.

Viendrez-vous?

La lettre suivante est datée de la Vallée aux Loups. A voir les instances de Mme de Chateaubriand pour obtenir que

(1) Chênedollé disait de M. Molé : « Molé ne cause plus; il n'a que des jugements. » (Voir *Correspondants de Joubert,* p. 243. — Voir aussi *Hist. de la Restauration,*par Dareste, I, p. 289.)

8

l'ami Clausel vienne occuper la chambre meublée à son intention, on ne se douterait pas que la vente aux enchères est proche. Ce fut la dernière saison que M. et Mme de Chateaubriand passèrent dans leur chère Vallée. Un chapitre des *Mémoires d'outre-tombe,* daté novembre 1817, est intitulé : « *Dernières lignes écrites à la Vallée aux Loups.* »

Ce 15 juillet [1817].

MON CHER MINISTRE,

Je ne mets pas la main à la plume pour vous faire des compliments mais pour vous dire des injures. Ne pas nous donner signe de vie depuis que vous êtes dans vos montagnes inaccessibles ! voilà bien la douce quiétude d'un égoïste. Votre chère personne à l'abri, vous ne vous inquiétez plus de quel côté vient le vent. Cependant au physique comme au moral, il est ici à la tempête, et les collines de Val-de-Loup ne nous empêchent pas de l'entendre souffler de tous côtés. Chacun, dans la grande Babylone, attend le mois d'octobre à sa manière : les uns avec espoir de salut, les autres avec désespoir et rage. Pour moi je le vois venir avec indifférence, ou plutôt résignation, bien sûre qu'il nous ramènera des députés excellents, mais qui n'en feront pas de meilleure besogne. La confusion des langues est parmi les honnêtes gens, ils ne s'entendent et ne s'entendront jamais : le pourquoi est tout au long dans mes *Prophéties*.

Nous sommes à la campagne depuis quinze jours. Nous ne nous promenons point, parce qu'il pleut toujours; mais nous nous chauffons beaucoup, parce qu'il fait grand froid : c'est un joli temps du mois de juillet. On dit que la fin du monde doit arriver le 17, le peuple le croit fermement, et moi, un peu : j'attends le 18 avec impatience. Du reste, rien de nouveau, mais si ma nouvelle est vraie, elle en vaut mille. M. de Chateaubriand, qui est un incrédule, s'occupe encore d'intérêts temporels; il vous recommande de n'être pas oisif dans votre tournée et de revenir promptement. Nous vous avons fait meubler une petite chambre, à la Vallée, où il ne vous manquera rien, ni pluie, ni vent, ni soleil, parce qu'elle est sous le toit.

Venez donc et apportez-moi de ces champignons qu'on cueille à grands frais sur les montagnes du Rouergue : vous savez qu'ici, avec les mains pleines, on est toujours sûr de faire sa paix (1).

Pour vous dire un mot de politique : L'ami Lainé va toujours de mal en pis, le Richelieu de pis en pis; pour le Cazes, c'est le pire de tous, parce qu'il est le plus fin, j'entends fin comme un laquais ; mais dans ce temps-ci, les tours d'antichambre réussissent mieux que d'autres.

Voilà qu'on dit que Lainé donne sa démission; je n'en crois pas le mot. Cependant, à entendre le cher homme, il n'est là que pour faire place à quelqu'un de plus capable que lui; mais je commence à soupçonner sa foi aussi mauvaise que ses principes, et c'est beaucoup dire (2).

Adieu, je ne voulais vous écrire qu'un mot pour vous gronder, et voilà une lettre. Répondez-moi. — Je pars pour Paris; je vais dîner avec ma bonne duchesse; je lui ai déjà annoncé votre visite pour la session prochaine; elle est bien prévenue qu'elle verra la perle des députés, et le plus chrétien des chrétiens. Elle vous prie d'avance à dîner.

Quand revenez-vous? Je pense que tout ira mal jusqu'à votre retour. Je crois que quand les coquins vous voient trotter par les rues de Paris, cela les fait rentrer dans leur coquille.

Voici Mme de Chateaubriand installée chez son amie de prédilection, Mme de Lévis. Telle est son intimité avec la « bonne duchesse » qu'elle se regarde à Noisiel comme chez elle et invite ses amis à l'y venir rejoindre. Il faut lire les deux

(1) Mme de Chateaubriand était heureuse de donner, heureuse aussi de recevoir. A l'occasion, elle ne se gênait pas pour provoquer ou réclamer les petits tributs de l'amitié. Elle savait joindre à la pratique de son admirable charité, l'art délicat d'accepter avec empressement ce qui lui était offert de bon cœur. Parmi les moyens de faire plaisir, de dilater une âme généreuse, en est-il un plus infaillible que d'agréer ses dons, que de paraître lui devoir une joie?

Madame de Chateaubriand aurait été capable, à tous égards, de contester la vérité du proverbe : « Mieux vaut donner que recevoir. »

(2) Le passage est vif, mais de touche légère. Voyez avec quelle rudesse de ton et quelle sévérité de jugement M. le comte de Villèle parle des mêmes personnages, et du Roi, et des princes, et des courtisans, dans ses *Mémoires*. Quelle massacrante humeur! — Même au point de vue de l'humeur, et abstraction du génie ittéraire, Je préfère les *Mémoires d'Outre-tombe*.

jolies petites lettres écrites de Noisiel, dans les *Correspondants de Joubert*. Le seigneur du lieu y est crayonné très gentiment.

Ce jeudi matin [octobre 1818].

J'apprends votre arrivée par Mme Joubert; j'ai fait part de cette bonne nouvelle à la maîtresse de ces lieux [duchesse de Lévis], qui me charge de vous sommer de sa part de venir nous voir à Noisiel.

M. de Chateaubriand, qui revient samedi, vous amènera, et la voiture vous reconduira le soir à Paris : si Joubert n'est pas parti, vous le déciderez aisément à vous accompagner; alors la joie, ici, sera complète.

Je ne vous écris qu'un mot; le *Chat* étant près de monter en voiture et brûlant d'être à Paris, pour faire de la politique enragée.

Le mot de « politique enragée », appliqué à une période ultérieure, serait juste, non moins que piquant, vu l'origine; il caractériserait très bien la guerre sans merci que Chateaubriand fit à Villèle, et, par contre-coup, à la Restauration, depuis son renvoi injustifiable du ministère. Mais à la date de la lettre et dans la pensée de Mme de Chateaubriand, il n'est permis d'y voir qu'un trait de sa joviale humeur. Et, à ce propos, avouons-le en passant : l'action politique de Chateaubriand ne fut ni sans résultat, ni sans gloire. Dans l'intervalle des deux lettres, il représenta la France avec éclat comme ambassadeur, à Berlin, puis à Londres; il fut l'un des plénipotentiaires, et des plus remarqués, au congrès de Vérone; ministre des affaires étrangères, il prépara la guerre d'Espagne, ayant pour adversaires diplomatiques les grands ministres Metternich et Canning, lesquels, après avoir grondé, durent baisser pavillon en cette rencontre sole nnelle et laisser le champ libre au drapeau fleurdelisé.

A tant d'historiens qui lui refusent tout mérite politique,

je veux opposer le jugement d'un homme au sens droit, libre de passions et de préjugés, qu'un goût très vif rapprocha des affaires, sans pouvoir l'y engager, et qui se tint constamment en rapports avec les gouvernants successifs de la France, y compris MM. Thiers, Jules Simon, Mac-Mahon, Broglie, Dufaure, Jules Grévy, Jules Ferry. Je parle de Mgr de Bonnechose.

Arrivé à la dernière étape de sa longue carrière, le cardinal de Bonnechose se mit à lire ou à relire les *Mémoires d'outre-Tombe,* après le *Mémorial de Sainte-Hélène;* et voici comment il a résumé son impression sur le compte de Chateaubriand : « M. de Chateaubriand avait des vues plus étendues, plus « élevées, *et peut-être plus justes,* que celles des ministres de « Charles X. Mais quel mauvais caractère...! »

Quelques mois avant sa mort, ayant beaucoup vu et beaucoup retenu, le vénérable pontife avait le droit d'établir de ces comparaisons, de prononcer de ces jugements, sans encourir le reproche de parti-pris. — Il avait accepté tous les régimes et ne s'était abandonné à aucun (1).

Nous arrivons à l'année 1826. Dans l'intervalle, inutile de le remarquer, les rapports de Mme de Chateaubriand et de M. de Clausel furent les mêmes, c'est-à-dire très affectueux. On lit dans les *Correspondants de Joubert :*

« 21 octobre 1819. — Paris n'est pas si désert qu'il n'y reste Lemoine et Clausel ; je garde le premier comme somnifère ; l'autre a repris son caractère d'ambassadeur. C'est lui qui traite de nos affaires d'hôpital avec mon archevêque, mes conseillers, etc... Il est aussi de mon conseil privé, où il n'a point de rivaux, parce qu'il est seul. »

(1) Voir la très belle *Vie du cardinal de Bonnechose,* par Mgr Besson, évêque de Nîmes, Uzès et Alais. 2 vol. Paris, Retaux-Bray, 1887.

Et dans la dernière lettre de Mme de Chateaubriand au bon Joubert :

« 16 novembre 1822. — Vous ai-je dit que j'avais des oiseaux chinois? C'est Clausel qui me les a fait donner par le préfet apostolique du Sénégal, qui avait été en Chine..., etc... »

En 1826, Chateaubriand n'est plus ministre ni ambassadeur. Il a repris sa plume, — la plume de combat, — l'épée à deux tranchants. Le revoilà journaliste. C'était moins que rien dans l'estimation de Mme de Chateaubriand. Dès le début de sa lettre, elle fait à ses grandeurs évanouies des allusions charmantes.

La Seyne, ce 31 mars [1826].

Je m'aperçois, mon cher ministre, que je ne suis plus qu'une majesté tombée. Il faut convenir cependant que vous êtes le plus ingrat de mes sujets, car Lemoine, mon premier gentilhomme de la Chambre, et Henry, mon chancelier, m'ont écrit ; et le dernier surtout, une lettre qui est un chef-d'œuvre, tant il est vrai qu'un cœur loyal n'est jamais sans esprit.

M. de Chateaubriand vous a parlé du pays que j'habite : le plus inconnu de la Chrétienté et qui ne devrait pas l'être, après tout ce qu'il a souffert lors du siège de Toulon et tous les sacrifices des pauvres habitants pour soutenir la cause royale. Il est resté cependant assez ignoré, et surtout assez ignorant des vanités du monde pour que mon arrivée y ait fait sensation ; les enfants me suivaient en foule ; ils se précipitaient sous les pieds des chevaux et montaient sur les roues pour voir ce qui allait sortir de cette belle boite. Quand ils ont vu que c'était une dame, ils en ont fait de suite une princesse et une reine ; le nom de princesse m'est resté ; mais on me traite en reine pour ce qui regarde ma liste civile qu'on croit inépuisable. Je ne puis faire un pas sans être accablée de demandes ou de présents qui me coûtent également cher, mais qui me valent bon nombre de bénédictions.

Du reste, ce pays-ci est beaucoup plus joli que celui d'Hyères. La ville, qui n'est qu'un village, est sur le golfe qui termine la rade de Toulon. Elle est environnée de petits coteaux, bien dessinés, et plantés de vignes, de cyprès et d'oliviers.

Du village, on a la vue de Toulon et de la rade ; et, si l'on monte un peu, celle de la pleine mer couverte de vaisseaux qui se croisent et d'une quantité de petits bâtiments et bateaux pêcheurs, montés les uns par d'honnêtes marins, les autres par d'honnêtes forçats, dont les habits rouges sont d'un effet très agréable, tout au travers des voiles.

Mais en vous parlant de ce pays, je ne dois pas oublier ce qu'il renferme de très curieux : c'est une famille de *vrais Massillon,* qui y vit dans un état de pauvreté tel, que Madame Massillon est obligée de garder la chambre, faute de vêtements. Cette famille est composée du père, de la mère et de deux garçons.

Au mois de juillet dernier, M. le cardinal de Clermont-Tonnerre écrivit à M. le Grand-Maître de l'Université en faveur du plus jeune des deux fils, âgé de quatorze ans, afin de lui obtenir une place dans un collège. Mais cette demande est restée sans réponse ; et ce malheureux enfant est encore à la charge de ses parents ; il annonce tout plein d'esprit, mais il est totalement dénué d'instruction. L'aîné, âgé de vingt ans, et celui pour lequel je sollicite tout votre intérêt, demande une place dans les douanes ou dans les postes. Je sais bien que ces places ne sont point du département de M. le Grand-Maître de l'Université, mais je suis convaincue qu'il ne refusera pas de se charger de cette cause, et plus convaincue encore que son éloquence, qui me rappelle si bien celle de l'illustre évêque de Clermont, ne plaidera point en vain auprès du Roi. En acquérant des droits à la reconnaissance d'une intéressante famille, il rendra un vrai service à la Monarchie et au Monarque, qui ignore sûrement que des neveux de Massillon meurent de faim sous le règne d'un descendant de Louis XIV.

Je joins ici, mon cher ami, une petite note qui m'a été remise par le jeune Massillon ; vous jugerez par la manière dont elle est rédigée de la pauvre éducation du rédacteur. Mais, ce défaut de savoir est balancé par toutes sortes de bonnes qualités, une piété exemplaire et un grand désir de se rendre digne du nom qu'il porte.

Si M. l'Évêque d'Hermopolis pouvait ajouter encore un service, celui de faire placer le jeune frère dans un collège, ce serait en vérité une justice à rendre à cette pauvre famille, je n'ose dire un grand plaisir à me faire.

Je saisis avec empressement cette occasion de renouveler à M. le Grand-Maître tous mes remerciements de l'honneur qu'il a bien voulu me faire en m'envoyant son ouvrage; j'en suis d'autant plus reconnaissante qu'il a eu la bonté d'y mettre son nom. Veuillez, mon cher ministre, être mon interprète auprès de Son Excellence, et recommander ma prière à son obligeance et à sa charité.

Répondez-moi, et le plus tôt possible, car il se peut que je ne tarde pas à me mettre en route pour Neufchâtel, ne me trouvant pas bien de l'air de la Provence, et encore moins de la nourriture qui est détestable pour ma pauvre santé.

Donnez, je vous prie, de mes nouvelles à M. de Chateaubriand auquel je n'écris pas aujourd'hui, et dites-lui de ne pas oublier de m'envoyer l'adresse de l'*amie de Mme de Duras*, à Lausanne.

On dit que vous viendrez nous voir dans notre exil. *Amen!* Quoique Français, vous serez reçu par exception.

Il se peut que l'amie de Mme de Duras, à Lausanne, dont Mme de Chateaubriand demandait l'adresse, soit cette dame de Cottens dont il est question dans les *Mémoires d'outre-tombe* (1) :

« Mme de Chateaubriand, étant malade, fit un voyage dans le midi de la France, ne s'en trouva pas bien, revint à Lyon où le docteur Prunelle la condamna. Je l'allai rejoindre ; je la conduisis à Lausanne où elle fit mentir M. Prunelle. Je demeurai à Lausanne tour à tour chez M. de Sivry et chez Mme de Cottens, femme affectueuse, spirituelle et infortunée. »

Mme de Chateaubriand était à Lausanne le 20 mai 1826. Elle écrivit de cette ville, et ce même jour, à Mme Récamier, pour la remercier de s'être intéressée « à sa pauvre protégée, Mme Jonquier. C'est une sainte, ajoutait-elle, et qui priera Dieu pour vous. Vous avez fait le bonheur d'une famille

(1) *Mémoires d'outre-tombe*, t. IV, p. 327.

entière et des plus honnêtes gens du monde. » — « Mme de Chateaubriand revint à Paris dans le courant de ce même été (1). »

Quelque éloquence était de mise dans une pièce destinée à passer sous les yeux de l'évêque d'Hermopolis. Mme de Chateaubriand s'y élève sans effort : elle en trouve le secret dans les inspirations de sa belle âme. D'une plume toujours libre et légère, elle effleure nombre d'arguments, les plus propres à gagner l'éloquent prélat et à être redits, par le ministre, au roi très chrétien. Quelle suite fut donnée à la lettre?

J'ai supposé qu'après avoir lu ce petit chef-d'œuvre, le lecteur poserait nécessairement la question.

Le grand nom de Massillon double la curiosité.

Voici les renseignements, très précis et très précieux, qui m'ont été adressés de Toulon, sous des dates diverses. Je les rassemble en les dégageant de tout détail étranger :

« Vous ne sauriez croire l'émotion que m'a causée votre lettre, non seulement par ce que vous me dites, concernant le séjour de Mme de Chateaubriand dans mon pays natal, mais surtout parce que j'appartiens à cette famille Massillon, recommandée si chaleureusement à Mgr de Frayssinous.

« J'ai entendu raconter que Mgr de Forbin-Janson revenant de faire un pèlerinage à Jérusalem, en 1826, s'arrêta dans notre ville dont il connaissait beaucoup le curé, M. de Laforest.

« Invité par son ami et ancien collaborateur de mission, à monter en chaire, on se souvient encore qu'il dit au milieu de son sermon : « Une femme supérieure, incomparable, etc.,

---

(1) *Souv. et Cor. de Mme Récamier*, t. II, p. 214-215.

est parmi vous et vous ne la connaissez pas. C'est la
femme de l'auteur de génie qui a écrit l'*Itinéraire de Paris
à Jérusalem*, beau livre dont je vous conseille la lecture; c'est
Mme de Chateaubrrriand. » Les vieux n'ont pas oublié que
Mgr de Forbin faisait beaucoup sonner les r.

« On pense que ce fut sur les conseils de M. de Jeffrier,
directeur des contributions indirectes, à Toulon, que Mme de
Chateaubriand choisit La Seyne pour essayer d'y rétablir sa
pauvre santé. M. de Jeffrier venait, de Toulon, les jours de
beau temps, promener son amie malade. Mon père, qui vit
encore et avait dix-neuf ans en 1826, se rappelle avoir rencontré bien des fois Mme de Chateaubriand appuyée au bras
de M. de Jeffrier. Celui-ci avait alors environ soixante ans.
Sa fille a épousé M. Duroch, bras droit de l'amiral Dumont
d'Urville pendant le voyage d'exploration de l'*Astrolabe*.

« Mme de Chateaubriand connut à La Seyne les familles des
deux frères Vincent Massillon et Jacques Massillon.

« Vincent Massillon habitait cours de La Seyne, à deux
portes de Mme de Chateaubriand. Il avait deux filles et un fils,
nommé Joseph, qui passa, de la marine marchande, dans la
marine de l'État, le 1er *Juin 1826*. La date est à remarquer :
je la souligne. Peu à peu, Joseph a conquis les quatre galons
d'or de capitaine de frégate et la rosette d'officier de la Légion
d'honneur. Il a même commandé en Chine. Il est mort en
bon chrétien, sur notre paroisse, en 1877.

« Jacques Massillon avait deux fils, François et Bernardin :
ce sont les deux Massillon que Mme de Chateaubriand recommandait à Mgr l'évêque d'Hermopolis. Bernardin, le plus
jeune, né le 7 septembre 1811, s'embarqua comme mousse le
20 mars 1827 : il ne fit que végéter dans la marine et eut une
triste fin : il se noya en tombant accidentellement du bateau

pêcheur le *Kensington,* dans la baie de Chesupeake, le 4 avril 1845.

« François, objet direct de la demande de Mme de Chateaubriand, fut admis comme écrivain de la marine, le *1er Mai 1826 :* il remplaça mon père au bureau des inscriptions maritimes, dont le directeur était M. Cruveiller, intime ami de Mme de Chateaubriand. François est arrivé au grade de sous-commissaire de la marine, avec les trois galons. Cher oncle et parrain ! j'ai eu la douloureuse consolation de l'administrer, l'an passé, à pareil jour (20 décembre 1885). Le 22 du même mois, il est mort à Marseille.

« Bien conseillés, grâce à Mme de Chateaubriand, et protégés en haut lieu, les deux cousins, sinon les deux frères, ont donc fourni une carrière honorable.

» Mme de Chateaubriand était logée cours de La Seyne, actuellement cours Louis Blanc, près des Pères Maristes, dans une maison à trois étages. Les trois fenêtres de chaque étage sont ornées de têtes ou figures en saillie. La maison appartenait à Mme Esclapon-Riquier, sœur de cette dame Jonquier en faveur de laquelle Mme de Chateaubriand écrivit aussi, de La Seyne, à Mme Récamier. M. Esclapon et M. Riquier se rattachaient, comme les Massillon, venus d'Hyères, à l'ancienne bourgeoisie de la contrée, totalement ruinée par la révolution et par les guerres de l'Empire (1). »

Ce n'est plus à l'ami Clausel que sont adressés les deux billets suivants : on s'en aperçoit dès les premiers mots, et au changement de ton ; c'est à son frère, l'abbé de Clausel, membre du conseil royal de l'instruction publique. On a vu plus haut, par suite de quelles circonstances il vint à Rome.

(1) Lettres de M. l'abbé Daniel, docteur en théologie, vicaire à Saint-Joseph, Toulon.

Il s'y trouvait à la mort de Léon XII, et fut choisi pour con-
claviste par le cardinal de Clermont-Tonnerre. Au bout d'un
an d'absence, il reprit ses fonctions au Conseil de l'instruction publique, mais pour peu de temps. Il donna sa
démission en 1830. « Peu d'hommes, dit la *Biographie
Universelle* (1), ont eu plus d'agrément dans l'esprit. Sa
conversation brillante et pleine de saillies avait un attrait
tout particulier. Mais ses saillies étaient tempérées par la
droiture du jugement et par ses excellentes qualités. — Après
le Concordat de 1802, il fut nommé grand vicaire d'Amiens,
mais il résida presque constamment à Beauvais, et il était
chargé de l'administration spirituelle du département de
l'Oise, qui alors faisait partie du diocèse d'Amiens. Il oecupa
ce poste pendant vingt ans, sauf dans le court intervalle des
Cent-jours, où il se retira en Belgique. En 1822, l'évêque
d'Hermopolis, son ami, ayant été fait grand-maître de l'Université, l'appela au Conseil de l'instruction publique, en le
chargeant spécialement des facultés de théologie, des
aumôniers de collège, etc... »

Rome, ce 17 novembre [1828].

M. de Chateaubriand sera chez vous, Monsieur l'abbé, en même
temps que ma lettre. Il vous dira que nous voudrions avoir un
meilleur lit à vous offrir que celui sur lequel vous gémissez; mais je
crois qu'il n'y en a pas un passable à Rome. Du reste, Monsieur, nous
vous offrons, et de bien bon cœur, tout ce que nous avons ici. Disposez
de l'ambassade et de l'ambassadeur; tout y est à votre service.

La V^tesse DE CHATEAUBRIAND.

Mardi matin [18 novembre 1828].

Mille compliments à M. l'abbé de Clausel. Nous avons véritablement du guignon; nous allons aujourd'hui à Tivoli (2) : c'est un vieil

---

(1) Michaud.
(2) Le détail de Tivoli fixe la date de la lettre. Chateaubriand écrivait de Rome,
mardi 18 novembre 1828, à Mme Récamier : « Aussitôt que le courrier sera expédié,

engagement. Nous reviendrons demain dans la journée, et nous espérons que Monsieur de Clausel nous dédommagera et viendra dîner avec nous à six heures. — Si le courrier, qui part ce matin, permet à M. de Chateaubriand de sortir un moment avant notre départ, son projet est d'aller chercher Monsieur l'abbé de Clausel. Nous ne partirons pas avant deux heures.

La V^{tesse} DE CHATEAUBRIAND.

Nous dînons ordinairement à cinq heures. Monsieur de Clausel voudra bien permettre que son couvert soit toujours mis avec le nôtre.

De 1828 à 1836, la correspondance nous manque : lacune particulièrement regrettable. Elle eût été intéressante à entendre, l'ardente épistolière, sur les événements qui les rejetèrent, elle et son mari, des hauteurs enchantées de la ville éternelle dans le terre à terre de la vie privée. Et quels événements ! C'est le ministère Polignac, et, dès la nouvelle connue, c'est la démission de l'ambassadeur auprès du Saint-Père; ce sont les fatales Ordonnances ; c'est la Révolution qui chasse les Bourbons et intronise, en leur lieu et place, le duc d'Orléans ; c'est le monde de la cour et de la légitimité remplacé aux affaires par un personnel d'hommes « nouveaux », ayant déjà fait leurs preuves.

En guise de compensation, et pour renouer un peu le fil, voici deux lettres de M^{mo} de Chateaubriand datées, la première, du 30 août 1830, et la seconde, du 23 septembre 1831. Elles sont très peu connues, et jamais citées, bien que la *Notice sur l'abbé Bonnevie,* où je les ai copiées, ait été insérée dans un

nous partons pour Tivoli. Mme de Chateaubriand désire voir la cascade avant que la mauvaise saison se déclare, il fait encore un temps superbe. Nous allons, Mme de Chateaubriand et moi, dans une calèche; les secrétaires et les attachés veulent venir, les uns à cheval, les autres en voiture. Nous coucherons à Tivoli et nous serons de retour demain pour dîner. »

recueil estimé : *La Revue du Lyonnais* (1). — On y verra, mieux que dans tout autre document, avec quelle entière ouverture de cœur et quelle simplicité charmante M^mo de Chateaubriand en usait avec les amis du « ménage », les vrais et vieux amis :

« A l'abbé de Bonnevie (2).

« Je ne vous ai point écrit, cher abbé, depuis tous ces événements, vous attendant tous les jours, et, dans tous les cas, craignant que vous ne fussiez pas à Lyon.

(1) Nouvelle série, t. I, pp. 305-333. — Je dois la communication de cette Revue à l'obligeance de M. l'abbé Desloge, directeur au grand séminaire de Lyon.

(2) L'abbé Bonnevie (Pierre-Etienne), né à Rethel en Champagne, le 6 janvier 1761, mort à Lyon le 7 mars 1849.

L'abbé Bonnevie refusa de prêter serment à la constitution civile du clergé et dut s'expatrier pendant les mauvais jours de la Révolution.

A la reprise du culte, l'oncle du futur empereur fut nommé au siège archiépiscopal de Lyon. Ne pouvant plus composer son chapitre des noms illustres de la monarchie, il chercha à s'entourer d'hommes distingués par la piété et par le talent ; ce furent MM. de Rully et de Saint-George, nobles et glorieux débris de l'ancien chapitre ; M. Besson, précédemment vicaire général d'Amiens, et qui est mort évêque de Metz ; M. de Tournefort, plus tard évêque de Limoges ; M. Dandelard, ecclésiastique aussi modeste que savant ; l'abbé Bonnevie fut le sixième de la promotion ; après lui venaient MM. Terrasson, Badet et Dumon ; le premier, chanoine et baron de l'ancien chapitre de Saint-Just ; le second, curé de Saint-Étienne, et le troisième, ancien gardien des Cordeliers.

« L'abbé Bonnevie fut donc canoniquement institué chanoine de la Primatiale de Lyon, le 6 janvier 1803, avec ses autres collègues, dans une cérémonie pompeuse, à laquelle présida le nouvel archevêque.....

« Mgr Fesch, archevêque de Lyon, fut bientôt revêtu de la pourpre romaine, et nommé par son neveu, le premier consul, ambassadeur à Rome ; l'abbé Bonnevie fut attaché à cette mission, et eut le bonheur de faire connaissance avec l'illustre Chateaubriand, alors secrétaire de l'ambassade ; et, quoique ce prince de la littérature française ne parle pas en termes fort nobles de notre prédicateur lyonnais, dans ses *Mémoires d'outre-tombe*, il n'est pas moins vrai qu'il s'établit une étroite intimité entre celui que l'Europe entière environna de son estime et de son admiration pendant cinquante ans, et le brillant chanoine qui *préchaillait* la parole de Dieu. Qui ne sait que le roi de la littérature française écrivait assez souvent à l'orateur Lyonnais, qu'il ne pouvait passer dans notre ville sans l'honorer de sa visite... »

L'auteur de la notice ne se souvient que d'une lettre familière de Chateaubriand à Joubert, insérée dans les *Mémoires d'outre-tombe*. S'il y est parlé du cher abbé sur le ton de la plaisanterie, c'est que toute la lettre est de ce ton et de ce style : « Madame « de Chateaubriand et lui-même, Chateaubriand, deux têtes difficiles à gouverner ; » « Joubert... le seul qui grogne, » etc., « dîner chez M. Saget. »

Le souvenir de l'abbé Bonnevie est lié, dans les *Mémoires*, au pathétique récit des

« Voilà donc où tant de folies si inutilement signalées nous ont conduits, à des malheurs prédits et irréparables! Au milieu de nos craintes et de nos chagrins, nous ne vous avons point oublié; nous ne vous avons point séparé de nous dans nos projets de *circonstance*. Vous êtes des amis sur lesquels il n'y a jamais rien à dire. Aussi, mon cher abbé, ne songeons-nous plus qu'au bonheur de passer le reste de notre courte vie avec vous, si vous y êtes consentant. D'après votre lettre, je vois que votre projet est de venir nous trouver à Paris. Si vous voulez faire ce voyage, venez vite, car il est probable que nous n'y resterons pas plus tard que la fin de septembre. Il faut prendre un parti définitif; et le plus raisonnable est d'aller habiter un pays paisible, et où l'on puisse vivre à bon compte. En vendant ici notre maison et nos vieilles magnificences, nous aurons en Suisse de quoi abriter nos têtes et mettre de temps en temps le pot au feu ; avec cela, le repos et l'abbé de Bonnevie, nous pourrons encore nous dire des heureux de la terre, mais il faut, très cher abbé, que vous consentiez à nous suivre en exil. Répondez-moi de suite à cette lettre, afin que, dans les arrangements que j'irai peut-être moi-même prendre d'avance, je puisse préparer votre logement avec le nôtre. Comme je vous l'ai écrit, quand je serais obligée d'aller voir où nous nous fixerons pour toujours, je reviendrais chercher M. de Chateaubriand, et nous resterons encore à Paris jusqu'à la fin de septembre. Vous avez donc le temps de venir causer de tout cela avec nous, si mieux vous n'aimez nous attendre à Lyon, où nous passerions pour vous prendre. Dans tous les cas, réponse, cher abbé; dites-nous si vous venez à Paris; dites-nous si vous venez n'importe où le sort nous jettera. Croyez que nous serons très heureux dans notre petit ménage, dont vous serez le grand aumônier. Vous savez que celui de France a été le premier à bénir le drapeau tricolore et à chanter le *Te Deum*. Tous nos faiseurs de coups d'État sont prêts à en faire autant. Mille choses à Berthe; il faudra qu'elle vienne avec nous; elle sera notre surintendante des finances (1). »

derniers moments de Mme de Beaumont. C'est à lui que celle-ci voulut se confesser. Après être resté une heure avec elle, « l'abbé Bonnevie revint essuyant ses yeux et disant qu'il n'avait jamais entendu un si beau langage ni vu un pareil héroïsme. »

Il est encore fait mention de l'abbé Bonnevie, et en termes fort nobles, dans la deuxième lettre de Chateaubriand à M. de La Luzerne, beau-frère de Mme de Beaumont. J'ai cité ce passage dans une des précédentes études sur Mme de Chateaubriand.

(1) « Berthe, célèbre dans les fastes des chambrières Lyonnaises, était le majordome, le chef de service, la première et l'unique domestique du vénérable abbé ; petite,

L'abbé Bonnevie caressait en effet le projet d'aller rejoindre ses illustres amis ; il lui fallait un passeport, on le lui refusa à la Préfecture. Voici la lettre que lui écrivait de Paris Mme de Chateaubriand :

« Mon cher abbé, j'étais à vous écrire quand votre lettre est arrivée. Je vous disais que notre voyage était retardé par les affaires de M. de Chateaubriand ; nous ne partirons pas avant le 15 novembre. Venez donc, nous aurons six semaines à passer ensemble, et, après cela, nous pourrons encore nous voir quelques jours sur les grands chemins et vous conduire jusqu'à Lyon. Je ne comprends pas les difficultés que vous avez pour avoir des passeports ; ici on en donne à qui en demande. Je suis bien convaincue des ferventes prières de votre archevêque, d'après la grâce qu'il demande à Dieu ; je doute fort qu'elle lui soit accordée pleine et entière.

A qui parlez-vous des bruits qu'on se plaît à répandre ? ce sont les petites maisons ouvertes ; et je connais bien des gens qui sont désolés de ne pas voir quelques voies de fait, quand ce ne serait que pour justi fier leurs prophéties.

Pour nous, nous vivons dans une profonde retraite, ne disant rien, et ne voyant que le moins de monde possible. C'est au milieu de cette paix, cher pacifique abbé, que nous vous attendons avec la joie qu'on

---

vieille, proprette, on lui faisait la cour pour être admis sans difficulté auprès de son seigneur et maître, dont elle serrait soigneusement la bourse pour qu'il ne l'épan-chât pas avec trop d'abondance dans les mains des pauvres, car le charitable abbé donnait beaucoup. Un jour, un ami se plaignait de Berthe en présence de quelques personnes dans un salon : « Que voulez-vous ! répond le bon chanoine, si je la chasse par la porte, je suis sûr qu'elle rentrera par la fenêtre ; c'est pour cela que je la garde. » Madame de Chateaubriand lui avait donné un chat, descendant en droite ligne de celui qui prenait ses ébats dans les plis de la soutane blanche de Léon XII, quand il donnait audience au noble vicomte son mari, ambassadeur de France à Rome. Berthe lui donnait des soins particuliers, et n'oubliait jamais, avec un petit air narquois, de le montrer, comme objet de curiosité, aux visiteurs du vénérable chanoine : elle l'appelait le Romain. La fidèle domestique avait vieilli au service de son maître, qui, pour récompenser ses bons et loyaux services, lui donna les inva-lides dans son modeste appartement, où elle rendit le dernier soupir, après plusieurs années de souffrances, entourée des soins de celui à qui elle avait prodigué les siens pendant au moins quarante ans.... »

« Madame de Chateaubriand accueillait dans sa société, comme des amis, ceux qui se présentaient chez elle avec une simple recommandation de son futur grand aumônier ; et combien de nos concitoyens, jaloux de connaître l'auteur du *Génie du Christianisme*, ne jouirent de cette faveur que par la grâce de M. l'abbé Bonnevie. »

(*Notice sur l'abbé Bonnevie.*)

éprouve en pensant à un véritable ami, ce qui n'est pas commun en ce moment.

« Mille compliments et sentiments inaltérables de la part du ménage. »

Plus tard, lui écrivant une lettre d'affaires, elle y joignait ces quelques lignes, peignant bien la situation des esprits à cette époque :

« Nous sommes très tranquilles à Paris, bien que, comme de coutume, on ne parle que de meurtres, de pillages et d'incendies. Il y a nombre d'honnêtes gens qui ont tant d'envie que malheur arrive, que malheur leur arrivera, et ce ne sera pas leur compte, car, au fond, ce n'est qu'au voisin qu'ils veulent offrir la palme du martyre. »

Chateaubriand a refusé, non sans pose, et pourtant avec noblesse, de se rallier à la monarchie de Juillet. Grâce aux voyages de Prague et d'Italie, à son génie toujours fécond, et peut-être, hélas ! aux amitiés compromettantes qu'il entretient dans le camp ultra-libéral — Carrel, Béranger, Lamennais — son nom est resté sans rival. A lui, d'un commun consentement, la palme du génie. Les talents les plus acclamés se réclament de lui, comme d'une paternelle divinité. *Pater Oceanus,* dit quelque part Sainte-Beuve, et dans ce même sens.

Clausel aussi a refusé de prêter le serment. Démissionnaire de la cour de Cassation, il vit dans la retraite, le plus souvent à Coussergues, quelquefois à Paris, où bientôt il sera impossible de le faire revenir.

L'époque des colères et des récriminations s'éloigne. Dans la petite lettre suivante, plus un mot d'amertume, plus de traits contre le régime nouveau. Je ne prétends pas que

10

Mme de Chateaubriand se soit privée d'exhaler ses ressenti-
ments soit dans ses conversations, soit dans ses lettres, soit,
nous l'avons vu, dans ses petits cahiers, de 1830 à 1833.
Mais, à la date où nous voici, elle s'est calmée. C'est fini. Le
temps use tout et il a fait son œuvre, — non toutefois sur
les sentiments réciproques des deux amis, ni sur l'esprit de
l'aimable correspondante. A mesure qu'on se rapproche du
terme, ses lettres deviennent plus longues, plus affectueuses,
plus sémillantes. Quelle fine plume! Admirablement française de tour, de clarté, d'élégance et de goût!

                                  Mercredi 11 avril [1836 ou 1837].

Donnez-moi de vos nouvelles, à tous, mon cher ami. J'ai toujours
mon catarrhe et des crachements de sang qui me fatiguent à mourir.
On veut que je me ménage, et moi-même je crains de recommencer
comme l'année dernière (1). Vous savez combien j'ai le désir d'aller
voir Mmes de Clausel; veuillez donc m'excuser auprès d'elles et leur
exprimer tous mes respects.

Si l'heure vous arrange, vous savez que notre *Passion* à l'Infirmerie sera vendredi à trois heures; venez et restez à dîner avec nous.

                                           3 octobre 1837.

Nous étions furieux de ne point entendre parler de vous, et nous ne
sommes que plus affligés de la cause de votre silence. Vous êtes encore
bien heureux, mon cher ministre, de n'être qu'éclopé; pour moi, vous
m'avez laissée malade et vous me retrouverez peut-être plus mal
encore, car il m'est impossible de rien comprendre à une convalescence commencée depuis six semaines, qui me permet de manger,
même de dormir un peu, et qui est accompagnée d'une faiblesse telle
que je ne puis sortir de mon fauteuil sans l'aide d'un bras. Pour marcher, c'est impossible, et je ne soutiens pas mieux la voiture; ma
maigreur est effrayante; si je vous apparaissais au château de
Coussergues, vous me prendriez pour un revenant.

_____

(1) Mme de Chateaubriand fut malade en 1835 : « Je soigne M^mo de Chateaubriand
qui est malade. » 2 août 1835. (Lettre de Chateaubriand à Madame Récamier.)

Nous craignions bien qu'il ne vous passât par la tête de rester cet hiver dans vos montagnes; de sorte que nous avons été enchantés d'apprendre que nous aurons encore quelques petits moments à passer avec vous : ils ne seront pas très longs, car, no s sommes décidés à aller prendre au printemps, moi, les Eaux-Bonnes, et M. de Chateaubriand, celles de Cauterets, et, en attendant, nous irons à Pau faire un établissement pour un ou deux mois; nous comptons donc nous mettre en route du premier au 15 février.

C'est demain la Saint-François; vous manquerez au modeste banquet des vieux amis; nous vous regretterons et boirons à votre santé et à votre retour.

Les Frisell sont arrivés de leur long et laborieux voyage. Ils ont parcouru l'Angleterre et l'Ecosse d'un bout à l'autre; vous jugez ce que c'est que quelque mille lieues faites avec Frisell, toujours grondant, jurant, battant même au besoin. Sa femme a trouvé cela charmant, et n'en a pas fait un mouvement de plus: c'est une heureuse statue.

Vous ne me parlez pas de la santé de Mme de Clausel, ce qui me prouve qu'elle n'est pas, au moins, plus mauvaise qu'à Paris; ainsi, elle a bien soutenu le voyage; vous ne l'espériez pas, car elle était bien souffrante en quittant Paris.

M. de Chateaubriand a été aussi horriblement souffrant d'un rhumatisme qu'il a négligé, et des suites de l'inquiétude, outre mesure, qu'il a prise de ma maladie. Il est vrai que, depuis votre départ, j'ai pensé succomber, non à la maladie, mais à la convalescence; j'ai été pendant six jours dans le plus grand danger, causé seulement par la faiblesse, grâce à deux ânes de médecins (Chardel était absent) qui n'ont rien entendu ni à mon mal, ni surtout à mon tempéramment; c'est à Charpentier, le médecin ordinaire de l'Infirmerie, que je dois la vie. Je m'étonnais que personne, à l'hospice, ne pût mourir entre ses mains; j'y voyais du bonheur; aujourd'hui, j'y reconnais du talent. Laënnec ne m'aurait pas mieux traitée.

Votre voisin Sambucy a été sûrement charmé de la nomination de son frère. C'est encore un passe-droit fait au pauvre abbé Deguerry, auquel l'archevêque refuse un canonicat, sous le prétexte qu'il n'est pas prêtre du diocèse. Je voudrais bien savoir les obligations que le diocèse a à l'abbé de Sambucy (1); tandis qu'il en a de très grandes à

(1) L'abbé de Sambucy de Saint-Estève (Jean-Baptiste-Louis-Etienne), né à Milhau, en Rouergue, le 15 juin 1771. Cet ecclésiastique, naturellement vif et ardent, était entré chez les Pères de la Foi et avait passé un certain temps sous leur direction.

un ecclésiastique qui, depuis quinze ans, se fait écouter avec plaisir et fruit par les fidèles et par ceux qui cherchent à le devenir.

N'allez pas, je vous en prie, retarder votre retour. M. de Chateaubriand prétend que quand vous parlez des premiers jours de novembre, il faut entendre les derniers; mais songez à vos montagnes, et au froid dont Mme de Clausel ne s'arrangerait pas.

Adieu, mon cher ministre en retraite, rappelez-moi au bon souvenir des habitants de Coussergues. M. de Chateaubriand leur offre, ainsi qu'à vous, hommages et tendres compliments.

                                                                1837.

P. S. Mon nouveau bâtiment pour les prêtres est achevé, payé, meublé et occupé; c'est un petit palais épiscopal, où nos vieux ministres du Seigneur sont logés et traités comme des évêques. Le bon Père Seguin est venu passer ses vacances; nous le renverrons avec dix années de plus de vie. Bien qu'il ait accompli, il y a trois mois, sa quatre-vingt-dixième année, je me souhaiterais son appétit.

A ses quatre-vingt-dix ans révolus, « le bon père Seguin » ajouta non pas dix, mais cinq années pleines. C'est à lui, ou plutôt *à sa mémoire*, que Chateaubriand dédia, en 1844, *La Vie de Rancé*, entreprise, disait-il dans la préface « pour obéir aux ordres du directeur de sa vie » (1).

Esprit entreprenant et caractère impérieux, son zèle, ami des innovations, l'entraînait au-delà des limites. (Voyez *Vie de la vénérable mère Bara*, fondatrice de la Société du Sacré-Cœur de Jésus, par une religieuse du Sacré-Cœur; *passim*, et surtout, t. I, p. 218-256.)

(I) Puisque l'abbé Seguin avait à ce point la confiance de Chateaubriand, et qu'il était l'ami des deux époux, quelques détails sur cet ecclésiastique ne paraîtront pas ici hors de propos : je les tiens de M. l'abbé Seguin, chanoine de la métropole de Paris, par l'intermédiaire de M. Méritan, curé de Saint-Sulpice. Qu'ils veuillent bien agréer l'un et l'autre l'expression de ma reconnaissance.

M. l'abbé Jean-Marie Seguin, né à Carpentras (comtat Venaissin) en 1748, fit ses études de théologie au séminaire de Saint-Charles à Avignon. Ordonné prêtre, il fut appelé à Paris par son frère aîné, Jean-Ignace Seguin, alors secrétaire de Mgr de Beaumont, puis chanoine du chapitre de Vincennes. L'abbé Jean-Marie était aumônier des Incurables, avant la Révolution. Il resta à Paris, pendant la Terreur, chez M. de Jussieu, frère du fameux botaniste, exerçant en cachette les fonctions du saint Ministère. Il échappa comme par miracle à la fureur des révolutionnaires; mais son troisième frère, l'abbé Antoine Seguin, vicaire à Saint-André-des-Arts, qu'il avait appelé à Paris, fut massacré aux Carmes, le 2 septembre. Après la Révolution, l'abbé Jean-Marie Seguin fut attaché, dès l'ouverture des églises, à la paroisse Saint-Sulpice,

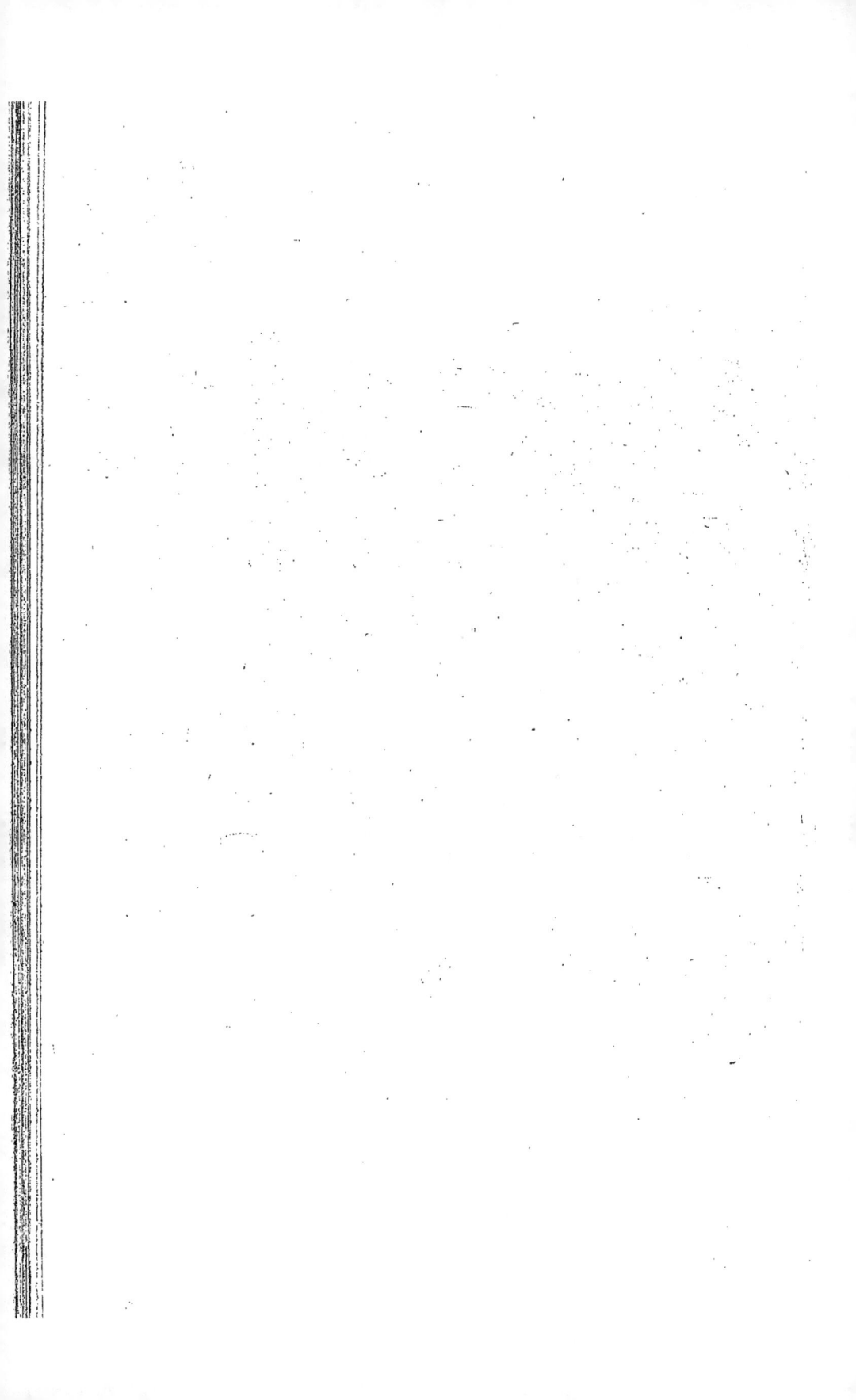

1837.

C'est bien mal de venir si près d'une pauvre malade, sans songer à lui demander de ses nouvelles. Vous avez dit à M. de Chateaubriand que nous pourrions peut-être avoir au mois d'avril un logement rue du Bac. Si ce n'est qu'un peut-être, je n'y compte pas; mais il me semble que, si près du terme, le locataire actuel doit savoir s'il reste ou s'il s'en va (1).

Vous êtes sorti hier pour aller, avec votre compagnon, à l'Infirmerie, et vous n'y êtes point allé; j'en suis fâchée; j'aurais été fort aise que M. de Dampierre vît notre pauvre établissement et qu'il pût y prendre intérêt.

Quand viendrez-vous dîner? voilà le printemps arrivé, vous savez que nous avons toujours un mauvais dîner et un bon lit à votre service.

Deux mots, je vous prie, mon cher Ministre, pour me dire si nous pouvons avoir quelque certitude pour la dite maison, qui serait bien à ma convenance, à cause de sa proximité avec Saint-Thomas, de votre voisinage et du rapprochement que cela mettrait entre nous et votre famille.   Adieu.

Juillet 1838.

J'espère que Madame votre belle-fille est heureusement accouchée, et que tout ce qui nous intéresse auprès de vous se porte bien. Je conçois que vous ne soyez pas pressé de revenir. Être en famille, dans un bon château, au milieu de bons paysans, c'est à y passer sa vie.

Adieu, mon cher ami; le voyageur (2) se joint à moi pour ne vous

comme prêtre administrateur, et c'est là qu'il est resté jusqu'à sa mort, qui a eu lieu dans le mois d'août 1843. Il ne voulut jamais quitter cette paroisse et refusa constamment les fonctions plus élevées qui lui furent offertes. L'ancien clergé de Saint-Sulpice, ainsi que les vieux paroissiens, n'ont pas perdu le souvenir de ses vertus sacerdotales qui ont édifié la paroisse pendant près d'un demi-siècle.

Il est mort pauvre, comme il avait voulu vivre; et le peu qu'il possédait, il l'a légué à M. l'abbé Cambon, ne réservant pour sa famille qu'un titre peu considérable de rente sur l'État.

(1) M. et Madame de Chateaubriand occupaient cet appartement dès les premiers jours de juillet 1838. (Voir lettre à Madame Récamier : *Souv. d'enfance et de jeunesse de Chateaubriand*.)

(2) M. de Chateaubriand partit le 7 juillet 1838; il visita le Midi, Clermont, Rodez, Alby, Toulouse, Nîmes, Marseille, Cannes — où il écrivit sur le *Golfe Juan* quelques belles pages pour ses Mémoires — et Lyon. Ce voyage fut un vrai triomphe pour l'illustre voyageur.

rien dire de plus que ce que vous savez depuis quarante ans, c'est que personne ne vous est plus sincèrement attaché que nous.

Mercredi, 20 juin 1838.

MON CHER MINISTRE,

Contre son ordinaire, la Sœur Marie a sottement expliqué ce que est que l'Infirmerie de *Marie-Thérèse*, à la princesse de Berghes, qui, bien endoctrinée, aurait pu se souvenir de la maison, autrement que dans ses prières. D'abord la Sœur a fait entendre à la bonne dame que Mme la Dauphine avait donné des trésors à l'établissement, et ensuite que l'établissement se soutenait très bien par la vertu du *savoir faire des sœurs,* dans ce qui concerne la basse-cour et le chocolat. Enfin, il résulte de la conversation que la maison ne doit rien à M. de Chateaubriand, qui ne donnerait pas ce qu'elle coûte pour 100,000 fr., et que, grâce à mes dix *cornettes,* elle n'a plus besoin de rien. Je vous prie donc, mon cher ami, quand vous verrez Mme de Berghes, de lui dire *d'abord que la maison est reconnue indépendante des hospices, et peut toucher des donations, fondations et legs;* c'est essentiel. Ensuite, vous saurez ce qu'ajouter sur le but, l'utilité et les besoins de la maison, la présentant cependant toujours prospère, car vous savez qu'on ne donne qu'aux riches. Vous ne manquerez pas aussi de vous étendre sur mes regrets de n'avoir point été prévenue de la pieuse visite : j'aurais été trop heureuse, etc.

Partirez-vous sans venir dîner avec les vieux amis ? ce sera, j'espère, la dernière fois que vous serez obligé de venir les chercher si loin. Nous compterons un peu sur vous vendredi.

Mercredi.

MON CHER MINISTRE,

N'oubliez pas que vous dînez vendredi avec nous. Ne soyez pas en peine pour vous en retourner, nous vous ferons reconduire, si Mme Amabert, qui doit venir le soir, nous manque.

Dites-moi si l'évêque d'Hermopolis a été content de notre curé ; j'aurais du plaisir à lui dire oui, sachant tout celui que je lui ferais.

Voilà un froid qui doit vous éprouver ; mais vous n'en vivrez pas pas moins cent ans.

A vendredi, si nous ne vous voyons pas avant.

INFIRMERIE DE MARIE THÉRÈSE

10 juillet 1839.

MON CHER MINISTRE,

M. de Chateaubriand est fort en peine de vous; pour moi, je dis qu'on doit oublier les amis qui nous abandonnent de gaîté de cœur. Il est vrai que je me laisse dire et que je n'en suis pas moins fort impatiente d'avoir de vos nouvelles.

Il ne faut pas vous y tromper, vous avez fait une mauvaise action en allant vous enfermer à tout jamais dans votre vieux château, où j'espère encore que vous vous ennuyez, non pas assez pour en mourir, mais assez pour en revenir.

Avez-vous bien songé encore, cher ami, que vous serez cet hiver à deux cents lieues de Paris, laissant vos enfants et vos amis dans l'attente d'une lettre qui leur apprendra que, quatorze jours plus tôt, vous vous portiez bien ? C'est une triste sécurité que celle du passé. Ensuite si vous alliez être malade, ce qui arrive à tout le monde, combien de temps se passerait-il avant qu'on pût arriver jusqu'à vous ? sans compter tous les tourments de l'inquiétude. Si vous vous obstinez donc à vous ensevelir dans vos montagnes, vous êtes un égoïste au premier chef. Pendant la belle saison et au milieu de votre famille, vous devez trouver la campagne un séjour avec lequel on peut faire un pacte à vie; mais, viennent la neige et *la froidure,* vous verrez que, quelqu'aimable que soit votre vicaire (1), vous regretterez, mais trop tard, d'avoir mis une montagne de glace entre vous et la boue de Paris. En restant à Coussergues, vous perdez deux choses qu'on ne perd pas, impunément à nos âges : les amis et les habitudes. Mais en voilà assez. Vous avez près de vous vos trois enfants dont la présence seule vaut mieux que tout ce qu'on pourrait vous dire; vous les aimez trop pour songer de bonne foi à les laisser partir sans vous. Nous vous attendons donc, mon cher Ministre, pas plus tard qu'au mois d'octobre; vous viendrez faire la Saint-François avec nous.

(1) Il est ici question de monsieur l'abbé Redon, nommé en 1835 ou 36, vicaire à Coussergues. Comme le presbytère, trop petit et trop délabré, ne pouvait loger en même temps les deux prêtres qui desservaient la paroisse, M. Clausel de Coussergues reçut au château le nouveau vicaire. Il eut bientôt apprécié les qualités du jeune prêtre. Pendant les nombreuses années qu'ils passèrent sous le même toit, vivant en quelque sorte de la vie commune, il l'honora je ne dirai pas seulement de son estime, mais d'une confiance absolue. M. Redon la méritait à tous égards; c'était un prêtre modèle, et les deux paroisses de Coussergues et de Saint-Saturnin qu'il a successivement évangélisées soit comme vicaire, soit comme curé, conservent encore, et garderont longtemps le précieux souvenir de son zèle et de sa charité.

Point de nouvelles qui ne soient dans les journaux, qui arrivent à Coussergues comme ailleurs, et qui sont là menteurs comme partout Vous y verrez donc l'éloge fait par l'auteur du voy age de Goritz in venté par Sosthéne de la Rochefoucauld, et revu, corrigé, augment' dit-on, par la princesse de Craon.

De nos sentiments, il n'en faut plus parler; mais veuillez encore cher ami, ne pas m'oublier auprès de M. et Mᵐᵉ de Clausel.

Le même jour, elle grondait son « cher abbé » dans un lettre qu'il devait recevoir des mains de M. Deguerry — autr ami bien cher de Mᵐᵉ de Chateaubriand.

Sainte-Beuve a cité un mot de cette lettre, mais sans indi quer la source. Après l'avoir longtemps cherchée et fai chercher, j'ai pu la lire enfin, grâce à l'obligeance d'un savan professeur de la Faculté catholique de Lyon, dans un volum intitulé : *Chateaubriand, sa vie et ses œuvres,* par Colombet. I ne se peut lire rien de plus exquis que cette lettre : l'esprit e le cœur s'y balancent avec autant de naturel que de charme un passage est à relever; du moins me touche-t-il plus qu les autres : c'est celui que Mᵐᵉ de Chateaubriand consacr au souvenir de son amie, « la pauvre Mᵐᵉ Joubert ». Certes le mot est rapide, comme toujours, mais que l'accent dit bie l'émotion sincère et profonde :

10 Juillet 1839.

« MON CHER COMTE DE LYON,

« J'aimerais mieux que cette lettre vous parvînt par la poste que pai l'illustre voyageur qui veut bien s'en charger, M. l'abbé Deguerry qu'on ne voit jamais partir sans regret. N'allez pas le faire trop prê cher; ici on est pour lui sans miséricorde, parce qu'il est sans défense contre l'importunité; il lui faudrait un des défauts de la célébrité, qu est d'être peu obligeant.

« Je vous écris ces lignes pour vous gronder. On dit, l'abbé, que vous vous portez à merveille; que vous êtes jeune et gai comme par le passé; pourquoi donc ne pas venir nous voir ? On voyage à tout âge, et dans ce moment surtout que la poste vient de lancer sur les chemins des voitures de courriers qui feraient rougir une voiture d'ambassadeur. Je vous ai dit que nous avons une vilaine chambre à vous donner; mais si vous voulez être logé comme un chanoine, vous pourrez prendre un appartement aux Missions étrangères; vous serez là à notre porte, pouvant venir déjeuner, dîner et déraisonner avec nous.

« Mais voilà que je m'épuise en belles paroles qui n'auront aucun résultat. Berthe ne veut pas que vous perdiez de vue le clocher de Saint-Jean; et Berthe est maîtresse chez vous, comme François est maître chez nous; c'est là l'inconvénient des vieux domestiques.

« Le bon abbé Deguerry vous aura dit que nous sommes très contents de notre appartement. M. de Chateaubriand surtout en est enchanté, parce qu'il n'y a pas moyen d'y placer un livre; vous connaissez l'horreur du patron pour ces nids à rats qu'on nomme bibliothèques.

« Si vous ne répondez pas, ce sera *signe d'une bonne marque,* et que vous faites vos paquets. Songez donc, cher abbé, au plaisir que vous ferez à vos vieux amis; il en manque quelques-uns à l'appel; mais c'est quand les rangs s'éclaircissent qu'il faut les resserrer. Vous savez que nous avons perdu la pauvre Mme Joubert; celle-là pouvait dire, en pensant à son mari, ce que sainte Thérèse disait en pensant à Dieu : « Je meurs de ne pas mourir ».

« On dit que vous allez avoir pour coadjuteur le curé de Saint-Roch; qu'en dites-vous à Lyon ? Il ne laissera pas la poussière se faire dans votre cathédrale, dont il pourra bien un jour balayer les chanoines. L'abbé Olivier est un excellent prêtre. . . . .

« A propos d'archevêque, le nôtre a été fort malade, et surtout fort inquiet; son médecin craignait qu'il ne fît d'une maladie sans danger une maladie mortelle; je conçois bien cette crainte de la mort, qui fait le tourment de ma vie.

« Avez-vous à Lyon un temps aussi dévergondé qu'ici ? On ne peut compter sur une heure de beau ou mauvais temps. Vous sortez par un soleil resplendissant, et vous rentrez avec la pluie, le tonnerre et un vent à renverser les voitures : trois, nous racontent les journaux, ont été enlevées avec tous leurs bagages : ceci est article de journal, et des plus véridiques.

« Je n'ai pas besoin de vous dire, mon cher abbé, que M. de Cha-

11

homme le moins propre à gouverner le plus ingouvernable de tous les diocèses.

Me voici arrivée au bout de mon papier. Je vous quitte donc, mon cher ministre, sans avoir besoin de vous réitérer l'assurance du tendre souvenir que vous conservent vos deux vieux amis, et, je crois, vos plus anciens à Paris.

Une nouvelle lettre à M. l'abbé Bonnevie : il y est question de M. de Clausel :

11 juillet 1840.

« Vous dites donc, mon cher chanoine, que je ne vous écris ni ne vous réponds : heureusement que vous avez eu la bonté, ou plutôt la méchanceté de lire quelques lignes de ma dernière lettre à Mgr l'évêque de Gap (1), autrement je m'en prendrais à la poste...

« Le voyage d'Italie est manqué. Nous ne voyageons plus qu'en projets; nous devenons paresseux et nous ne nous aimons plus que là où il nous reste encore quelques amis. Le nombre, mon bon abbé, est bien diminué. Le vieux Clausel est allé planter des arbres qu'il ne verra pas croître. Mais il avait la passion de mourir dans son castel, où il sera enterré en seigneur de paroisse; les paysans, grâce à leur ignorance, étant restés sauvages au point de faire plus de cas d'un boisseau de pommes de terre que de la sainte égalité.

« Ce qui me fait regretter de ne pas aller à Rome, c'est que cela nous empêche d'aller à Lyon. Nous nous faisions une si grande fête de vous revoir et d'aller manger l'excellent potage de Berthe. Vous ne parlez pas de cette bonne fille; il paraît qu'elle est devenue tout à fait infirme: c'est un vrai chagrin pour nous, — et pour elle qui, j'en suis sûre, plaint moins son mal que le malheur de ne plus pouvoir vous soigner et vous gronder à son gré. Dites-lui, je vous prie, que je veux la trouver gaie et gaillarde comme jadis, quand nous irons cette année, ou l'année prochaine, lui demander à dîner.

« Adieu, notre vieil ami, vous savez que personne ne vous est aussi tendrement et aussi sincèrement attaché que nous. Vous savez aussi que *je vous écris* et que vos reproches sont injustes. »

(1) L'abbé Rossat, né à Lyon le 8 décembre 1789, devint curé de la Primatiale et chanoine titulaire, puis fut sacré évêque de Gap le 14 février 1841, en remplacement de Mgr de La Croix d'Azolette, promu archevêque d'Auch d'ordonnance royale du 4 décembre 1839. Mgr Rossat fut préconisé évêque de Verdun en 1844. Il est mort en 1867.

18 décembre 1840.

Je crois, très cher solitaire, que déjà, dans votre heureuse Thébaïde, vous en êtes à demander si l'on bâtit encore des villes, et aussi s'il vous reste des amis au monde. Il vous en reste cependant, et de vieux fidèles, qui vous supplient de leur donner de vos nouvelles, ne serait-ce que par un mot de la main de votre maîtresse d'école. Pour moi, je suis depuis trois semaines dans mon lit avec mon éternel catarrhe; il paraît que le vôtre n'a pu s'accoutumer à l'air du Rouergue, car Monsieur votre fils m'a dit qu'il vous avait planté là.

Vous savez si j'ai dû regretter de ne pouvoir aller mardi rendre hommage aux *précieux restes* (1) (style obligé) de celui que j'ai toujours aimé quand même. Hélas! le moins satisfait était le héros de la fête, si son âme, du haut ou du bas où elle se trouvait alors, a pu voir son cortège; il n'y avait de triste qu'un pauvre vieux cheval boiteux, ravi à l'équarisseur pour venir jouer le Bucéphale du grand homme, ni de touchant que les larmes qu'un froid de 9 degrés faisait couler de tous les yeux.

M. de Chateaubriand, à un peu de goutte près, se porte à merveille; il a le corps presqu'aussi bon que la tête qui n'a pas faibli d'une idée. Pour le cœur, tant qu'il battra, il battra bien pour son Dieu, pour son Roi, et pour ses amis; mais il est comme vous, mon cher Ministre, sa constance n'est pas au bout de sa plume, et il aimerait mieux aller savoir de vos nouvelles en Rouergue, que de vous en demander par une lettre. Il fera, jeudi, un grand acte de complaisance : ce sera d'aller entendre à l'Académie le discours de réception de M. Molé. Ensuite il ira, quand le temps sera un peu moins rude, passer deux ou trois jours à la Trappe pour entendre les complies et le *Salve regina* chantés à la nuit par les pieux suicidés : on dit que c'est une chose admirable.

Je ne dirai pas que j'espère que M. et Mme de Clausel sont sur le point de revenir à Paris; car avant le plaisir de les voir, je pense à ce que cette séparation de six mois aura de rude pour vous. Comment ne vous prend-il pas l'heureuse idée de ne pas les laisser partir seuls, quand vous savez tout le plaisir que vous leur feriez, à eux et à nous? Songez que c'est déjà la mort que vous avez mise entre vous et vos

---

(1) Le corps de Napoléon, transporté en France, arriva le 29 novembre 1840. Le cercueil fut déposé sous la coupole de l'église Saint-Louis de l'hôtel des Invalides le 15 décembre 1840.

Vendredi, ce 2 avril 1840.

Me voilà enfin une convalescente, mon cher ministre, mais encore si faible que je ne puis aller que de mon lit à mon fauteuil. J'apprends que mieux avisé que moi, vous avez passé votre hiver à ravir, à l'abri de vos montagnes; ainsi vous aurez eu raison de quitter Paris où tout le monde a été malade. M. de Chateaubriand lui-même n'a pas échappé à l'influence grippeuse.

Vous devisez sans doute, à Coussergues comme ici, sur le nouveau ministère, à la suite duquel beaucoup de gens croient voir marcher le règne de la terreur; pour moi j'y vois simplement un ministère succédant à vingt autres, où il se trouve un petit homme qui a trop d'esprit pour avoir l'idée de mettre en pratique les théories dont il serait une des premières victimes. On dit Molé furieux; je l'ai vu quelques jours avant le triomphe de son rival; il paraissait encore plein d'espérance et de confiance dans les deux cent vingt et une girouettes sur lesquelles il s'était appuyé, et qui lui sont restés fidèles à la *boule près*. On dit aussi que le roi déteste son ministère; on le croirait d'après l'opposition du journal des *Débats,* l'organe actuel du Château. Il est vrai que, jusqu'à présent, Philippe gouvernait et les ministres répondaient; tandis qu'à présent, il est à présumer que Thiers Ier comme l'appelle le *Charivari,* ne voudra répondre que de ses œuvres.

Nous voyons quelquefois monsieur votre fils; ses visites nous font un double plaisir; nous parlons de vous, ce qui vaut encore mieux que d'y penser.

Je ne sais comment va le temps de vos montagnes; celui de nos plaines est affreux; voilà comment le printemps nous traite; aussi tout ce qui sème ou plante jette les hauts cris; mais au bout du compte, il y aura de tout au marché, et il n'y aura que les acheteurs de ruinés

Point de Frisell. Il est toujours à Rome, tempêtant sur les lauriers du bal qu'il a donné à M. le duc de Bordeaux. D'après ce que m'a conté la duchesse de Lévis, il paraît que la vanité de notre pauvre ami a pris d'assaut la politesse du jeune prince, qui n'a pas osé refuser, mais qui n'a pas été content de l'indiscrétion du gentleman.

Nous n'avons encore aucun projet pour cet été, ou plutôt, nous en avons mille, dont pas un ne sera exécuté. Nous resterons dans notre coin à faire des économies auxquelles nous force la manière toute loyale dont notre affaire avec M. l'Archevêque a été traitée. Le pieux prélat avait la pureté d'intention; mais certes, il n'y a eu que cela de

Leo Drielsma 1887

pur dans le marché. A propos d'archevêque, point d'archevêque. Si M. Molé avait été ministre, il aurait insisté pour Mgr de Besançon; à présent nous aurons ce qu'il plaira à Dieu et à M. Thiers.

Malgré ma faiblesse et ma pauvre tête, nous avions hier un dîner fort nombreux, quoiqu'il n'y eût que des neveux et nièces, dont une douzaine de Paris et le reste de la Bretagne. J'en suis aujourd'hui fatiguée à mourir, ce qui fait que j'ai pris le repos de vous écrire.

La pauvre fête de l'Infirmerie qui a eu lieu hier n'a pas été très brillante; un peu plus, cependant, que l'année dernière; mais, sans compter qu'il y avait, à la même heure, un sermon de charité à Saint-Louis d'Antin, les partis sont tellement en présence que je crois que le nom de M. Affre mis sur les billets a empêché beaucoup de personnes d'aller porter leur offrande à un établissement dont le tort a toujours été de ne pouvoir rester étranger à la politique. Le Chapitre actuel aurait bien voulu que je revinsse sur l'abandon que j'ai fait de cette maison, mais je ne le puis, ni ne le veux; tout ce que j'ai pu faire, c'est de me fatiguer depuis un mois à aider la bonne sœur Marie à trouver des quêteuses, et à faire des listes d'invitations, auxquelles elle n'entend rien, — mais sans vouloir y paraître en *nom*. Quand nous aurons un nouvel archevêque, nous verrons quelles seront ses dispositions à l'égard de l'*Infirmerie;* et s'il croit que ma vieille expérience peut lui être bonne à quelque chose, je serai encore disposée à lui éviter de ces embarras dont il n'y a qu'une femme qui puisse se bien tirer.

Mais, mon cher *fermier!* voilà que j'oubliais votre basse-cour, et de vous remercier de cette belle dinde, si bien parée de sa graisse et de ses truffes, que vous m'avez envoyée. Elle est arrivée au moment que M. de Chateaubriand et moi étions malades. M. de Chateaubriand cependant n'a pas laissé que d'y faire honneur, avec quelques convives au nombre desquels M. Clausel a bien voulu être. On a bu à votre santé; et il a été convenu, à l'unanimité que, de mémoire de ministres, on n'avait vu figurer sur leur table une aussi excellente dinde. Il faut que vous en ayez envoyé une semblable à M. Thiers la veille de son triomphe.

On nous donne, aujourd'hui, pour archevêque, l'évêque d'Alger; c'est pour qu'il y ait toujours un peu d'arabe dans nos affaires. Ceci n'est qu'une nouvelle de salon, mais qui pourrait bien être vraie, par la raison que M. Dupuch, très pieux ecclésiastique, est du reste un teaubriand se joint à moi pour vous gronder, vous prier et vous aimer *quand même*.

« Mes compliments à Berthe, et mes tendresses, si elle vous permet de venir passer trois mois avec nous. »

Rien de plus exquis, ai-je dit, dans un accès d'enthousiasme. En parlant de la sorte, je me suis trop laissé dominer au charme immédiat de cette page extrêmement gracieuse et j'ai trop oublié les lettres adressées par Mme de Chateaubriand à « son meilleur ami ».

Celles-ci l'emportent sur toutes les autres par une grâce plus touchante, une émotion plus intime, un accent plus amical, sans nul préjudice aux traits de malice, aux fusées d'esprit. A ma connaissance, les plus belles lettres de Mme de Chateaubriand, et les plus longues, sont celles qu'on va lire. Je n'ai pas à les louer autrement : le lecteur m'en voudrait de les lui signaler une à une et de les commenter.

27 novembre 1839.

Grâce à Dieu, nous n'avons pas été quatre mois sans entendre parler de vous; nous avons eu de vos nouvelles par des amis communs, auxquels vous ou Monsieur votre fils avez écrit. Pour moi, mon cher ministre, si je vous ai tenu si longtemps rigueur, c'était dans l'espoir de vous dégoûter de l'absence; mais je vois que votre parti est pris et qu'il ne faut plus penser à vous revoir en ce monde. En vous retirant dans la solitude, *pour vous occuper uniquement de votre salut,* vous avez pris la voie large pour aller au Ciel; car dites-moi, je vous prie, où est le grand mérite de la douceur quand on n'a que son vicaire à gronder, et de la charité, quand on n'a personne à haïr? C'est ici, mon cher ami, au milieu des mauvais exemples et du mauvais prochain, que le combat est glorieux, et que l'on peut devenir des saints à couronne de diamant, alors que vous n'obtiendrez jamais que la couronne de fleurs! Je lis aussi les psaumes, et je sais qu'à nos âges la vie n'est plus que *labor et dolor;* mais j'en tire la conséquence que c'est le moment de ne pas s'éloigner des délassements et des joies de l'amitié. Je ne sais pas comment vous allez avoir le courage de vous séparer de vos enfants et surtout de vos petits enfants. Croyez-vous que les sacrifices de volonté soient plus agréables à Dieu que les sacrifices de soumission? Et de ces derniers, la Providence ne nous en a pas laissé manquer.

Voilà donc M. de Blacas mort. Dix ans plus tôt, la perte de cette fatale et stupide influence aurait été un bonheur pour les aspirants à la *Restauration;* mais le mal est fait, et il est sans remède. Je ne sais jusqu'à quel point on aime ce qui est; mais je sais qu'on déteste et redoute plus que jamais ce qui était. La manière dont le prétendant continue à être entouré réveille et fortifie les appréhensions, et d'autant plus qu'il n'est pas douteux que l'entourage actuel, fidèle *au prin-cipe,* ne veuille éloigner du Prince tout ce qui pourrait lui donner le véritable A, B, C de son pays.

Mgr l'archevêque va bien selon les uns, et mal selon les autres; mais, si j'en crois mon expérience bien acquise, je crains que, de ses huit médecins, Cruvellier seul ait raison; il assure toujours qu'il y a de l'eau dans la poitrine, et cette maladie est sans remède.

Point de nouvelles de Frisell; sa première lettre sera pour nous reprocher le silence et l'ingratitude des amis; il ne lui viendra pas dans la tête que, pour lui écrire, il faut savoir où le prendre; je le crois à Rome, étant parti dans l'intention d'aller faire une querelle au Pape, qu'il accuse d'être cause, avec moi, de ce qu'il ne s'est pas fait catholique : c'est une tête bien folle, rachetée par un excellent cœur.

M. de Chateaubriand se porte bien, sauf les rhumatismes qu'il supporte. Il vous remercie des intentions de messes; mais il dit qu'en attendant que la chapelle soit achevée, vous pourriez venir passer l'hiver à Paris; qui sait alors si, au printemps, nous n'irions pas prier ensemble à la *Santa Casa!* Si vos enfants ne peuvent pas vous loger, nous avons une petite chambre, fort propre, à vous offrir; et de plus, la salle à manger où l'on ne mange point, et où vous pourrez vous établir le matin : la *Bible* ne vous manquera pas, ni aussi la *Gazette de France,* car un Père de l'Eglise, comme vous, doit lire les bons et les mauvais livres. — Voilà, mon cher ministre, une proposition sur laquelle j'espère que vous réfléchirez avec fruit. Sans adieu donc; ne soyez pas plus sévère que la providence, et attendez, pour quitter vos amis, qu'elle ait marqué le terme de l'inévitable séparation.

La V^{tesse} DE CHATEAUBRIAND.

Ne m'oubliez pas, je vous prie, auprès de M. et Mme de Clausel.

amis, si nous ne devons plus nous revoir; et plus que la mort, car j'aimerais mieux vous aimer dans le Ciel, là où l'on ne regrette rien que dans Paris, là où l'on désire toujours.

Mille tendresses, de ma part comme de celle de M. de Chateaubriand, et prière de ne nous pas laisser aussi longtemps impatients de savoir si vous êtes heureux et bien portant.

Le passage relatif à La Trappe et au *Salve Regina* prouverait que Chateaubriand s'occupait déjà de la *Vie de Rancé*, et qu'il s'en entretenait quelque peu avec Mme de Chateaubriand. J'ai vu les premiers linéaments de ce livre, dans les manuscrits qui ont survécu. L'écriture ronde de Daniélo s'y mêle à l'écriture, devenue mince et grêle, de l'illustre auteur : — « De « mes grands jambages d'autrefois, je suis arrivé à ces pattes « de mouche, » écrivait-il trop justement à Mme Récamier.

Chateaubriand réalisa le voyage dont il est question dans la lettre de sa femme. Il a consigné ses impressions en différents passages de la *Vie de Rancé*. Rêveries pleines d'un charme mélancolique : on les lira ici avec plaisir, et plutôt ici que dans l'ouvrage, où elles sont perdues au milieu de beaucoup de choses bizarres, qui détonnent et font de la peine :

« La Trappe étoit le lieu où Bossuet se plaisoit le mieux : les hommes éclatants ont un penchant pour les lieux obscurs. Devenu familier avec le chemin du Perche, Bossuet écrivoit à une religieuse : « J'espère bien vous rendre, à mon retour de la Trappe, une plus longue visite, » paroles qui n'ont d'autre mérite que d'être jetées à la poste en passant et d'être signées : *Bossuet.*

« Bossuet trouvoit un charme dans la manière dont les compagnons de Rancé célébroient l'office divin : « Le chant des Psaumes, dit l'abbé Ledieu, qui venoit seul troubler le silence de cette vaste solitude, les longues pauses de Complies, le son doux, tendre et perçant du *Salve Regina,* inspiroient au prélat une sorte de mélancolie religieuse. » A la Trappe, il me sembloit en effet pendant ces silences ouïr passer le monde avec le souffle du vent. Je me rappelois ces garnisons perdues aux extrémités du monde et qui font entendre aux échos des airs inconnus, comme pour attirer la patrie : ces garnisons meurent, et le bruit finit.

« Bossuet assistait aux offices du jour et de la nuit. Avant Vêpres, l'évêque et le réformateur prenoient l'air. On m'a montré, près de la *Grotte de Saint-Bernard,* une chaussée embarrassée de broussailles qui séparoit autrefois deux étangs. J'ai osé profaner, avec les pas qui me servirent à rêver René, la digue où Bossuet et Rancé s'entretenoient des choses divines. Sur la levée dépouillée, je croyais voir se dessiner les ombres jumelles du plus grand des orateurs et du premier des nouveaux solitaires.

« D'après les Pouillés, l'abbaye possédoit les *Terres-Rouges,* les *bois de Grimonart,* le *chemin au Chêne-de-Bérouth,* les *Bruyères,* les *Neuf-Étangs* et les ruisseaux qui en sortent. Par où passoit le chemin au Chêne-de-Bérouth? D'où venoit l'immortalité de ce chêne, immortalité qui ne dépassoit pas son ombre? Les bruyères s'étendant vers cet horizon sont-elles les mêmes que celles mentionnées aux Pouillés? Je viens de les traverser; enfant de la Bretagne, les landes me plaisent, leur fleur d'indigence est la seule qui ne se soit pas fanée à ma boutonnière. Là s'élevoit peut-être le manoir de la châtelaine; elle consuma ses jours dans les larmes, attendant son mari, qui ne revint point de la Terre-Sainte avec l'abbé Hebert. Qui naissoit, qui mouroit, qui pleuroit ici? Silence! Des oiseaux au haut du ciel volent vers d'autres climats. L'œil cherche dans les débris de la forêt du Perche les campaniles

12

abattus, il ne reste plus que quelques clochetons de chaume :
bien que des *sings* annoncent encore la prière du soir, on
n'entend plus à travers le brouillard retentir cette cloche nommée à Aubrac la cloche des *Perdus*, qui rappelle les errants,
errantes revoca. Mœurs d'autrefois, vous ne renaîtrez pas ;
et, si vous renaissiez, retrouveriez-vous le charme dont vous
a parées votre poussière ?

« L'abbaye n'avoit pas changé de lieu : elle étoit encore,
comme au temps de la fondation, dans une vallée. Les collines assemblées autour d'elle la cachoient au reste de la terre.
J'ai cru en la voyant revoir mes bois et mes étangs de Com-
bourg, le soir, aux clartés allenties du soleil. Le silence
régnoit : si l'on entendoit du bruit, ce n'étoit que le son des
arbres ou les murmures de quelques ruisseaux ; murmures
foibles ou renflés selon la lenteur ou la rapidité du vent ; on
n'étoit pas bien certain de n'avoir pas ouï la mer. Je n'ai rencontré qu'à l'Escurial une pareille absence de vie : les chefs-
d'œuvre de Raphaël se regardoient muets dans les obscures
sacristies : à peine entendoit-on la voix d'une femme étrangère
qui passoit.

« Rentré dans son royaume des expiations, Rancé dressa
des constitutions pour ce monde, convenables à ceux qui
pleuroient. Dans le discours qui précède ces constitutions, il
dit : « L'abbaye est sise dans un vallon fort solitaire ; quicon-
que voudra y demeurer n'y doit apporter que son âme : la
chair n'a que faire là-dedans. »

« Il y a des usages pour sonner la cloche, selon les heures du
jour et les différentes prières. Il y a des règles pour le chant :
dans les psaumes, allez rondement jusqu'à la *flexe ;* le *Magni-
ficat* doit s'entonner avec plus de gravité que les psaumes ;
quoique aucune pause ne soit commandée dans le cours d'un

répons, on en doit faire dans le *Salve, Regina* : il faut qu'il y ait un moment de silence dans tout le chœur.

« Ce qui est digne de considération, dit dom Félibien, est la manière dont ces religieux font l'office ; car vous les voyez d'une voix ferme et d'un ton grave chanter les louanges de Dieu. Il n'y a rien qui touche le cœur et qui élève davantage l'esprit que de les entendre à matines. Leur église n'étant éclairée que d'une seule lampe, qui est devant le grand autel, l'obscurité, jointe au silence de la nuit, fait que l'âme se remplit de cette onction sacrée répandue dans tous les Psaumes. Soit qu'ils soient assis, soit qu'ils soient debout, soit qu'ils s'agenouillent, soit qu'ils se prosternent, c'est avec une humilité si profonde, qu'on voit bien qu'ils sont encore plus soumis d'esprit que de corps. »

Voici la dernière lettre à l'abbé Bonnevie (1). En insérant ces quatre lettres au milieu de la correspondance adressée à Clausel, j'ai eu surtout en vue de mieux montrer, par un nouvel exemple, ce qu'était Mme de Chateaubriand en amitié. Ces lettres sont d'ailleurs très gracieuses.

« Le 10 janvier 1841.

« Très cher abbé, où avez-vous pris que nous avions traversé Lyon sans mot dire ? Le Rhône, qui n'a déjà que trop cheminé, arriverait à Paris, avant qu'il nous arrivât de saluer la tour de Saint-Jean sans aller vous embrasser. Nous n'avons pas quitté la rue du Bac. C'est notre beau neveu Louis qui est allé voir son frère à Turin, et qui, à son retour, vous aura brûlé, voulant arriver à temps pour voir Paris réduit en cendres, selon la prophétie à l'usage des royalistes pur sang. Heureusement, nous n'avons eu d'autres cendres que celles de Napo-

---

(1) L'abbé Bonnevie s'éteignit le 7 mars 1849, dans sa quatre-vingt-huitième année. Il a laissé quatre volumes de sermons, panégyriques, oraisons et éloges funèbres, imprimés en 1823 (par complaisance).

léon, qui n'étaient rien moins que chaudes en s'en allant au dernier gîte, par un froid de dix degrés.

« Nous faisons toujours des projets de départ pour le printemps. Nous pensons à Rome ; mais la ville aux merveilles n'est pas merveilleuse pour s'y établir à demeure, ne pouvant, qu'à prix de ce qui nous manque, beaucoup d'argent, se procurer les aisances de la vie auxquelles les ans nous ont accoutumés, c'est-à-dire un bon lit, un dîner passable et un appartement tant soit peu confortable. Rien de moins poétique que tout cela ; mais si, à nos âges, on peut encore admirer le Colisée, l'on veut aussi trouver son lit un peu moins dur que les briques de cette illustre ruine...

« Nous avons ici un horrible froid ; l'hiver n'est pas ordinairement aussi cosaque, mais il aura voulu se mettre à la mode.

« Adieu, très cher abbé, M de. Chateaubriand et moi nous vous aimons comme de coutume, de toute la sincérité de notre cœur. »

Paris, 10 septembre 1841.

Je ne veux pas cependant, mon cher Ministre, que l'année se passe sans vous remercier de cette belle dinde aux truffes, sortie de vos domaines, il y a quelque huit mois ; elle méritait une plus prompte mention de reconnaissance ; mais vous connaissez ma paresse, elle devient chaque jour plus invincible. Monsieur votre fils, qui a bien voulu nous aider à faire honneur au présent, vous dira de quelle manière il a été reçu.

Décidément Paris ne vous reverra pas. Va pour Paris, il est assez bon à planter là ; mais, de vos amis, il n'en faudrait pas faire si bon marché. Je conçois qu'il y a du plaisir à vivre et à se faire enterrer en seigneur de paroisse ; mais il y en a plus encore à vivre et mourir au milieu de ses amis. Ceux qui disent que l'argent ne fait pas le bonheur, radotent ; car, mon cher ami, si nous avions seulement, comme le juif errant, cinq sous dans notre poche, nous irions vous faire une visite, ce qui nous serait une joie, dont cette heureuse médiocrité, rêvée par ceux qui ne la connaissent pas, ne nous permet pas de jouir. En général, les richards sont fort prôneurs de la pauvreté, mais sans jamais songer à se débarrasser de leurs richesses. Vous avez été fort affligé de l'accident du duc de Bordeaux ; mais, comme nous, bientôt rassuré sur les suites, qui ne peuvent avoir aucun résultat fâcheux. ai reçu dernièrement une lettre de Madame la duchesse de Berry, et

M. de Chateaubriand, une autre de M. le duc de Lévis, qui confirment toutes les nouvelles des journaux sur l'état du prince. M. de Chateaubriand, qui était allé en enrageant à Néris, en est revenu avec un rhume qui l'a empêché de se baigner ; il en a été pour son argent et pour trois semaines d'ennui dans le plus triste pays du monde, et où l'on n'a d'autre eau à mettre dans son estomac que celle où l'on plonge ses rhumatismes.

Vous ne reconnaîtriez déjà plus Paris ; il s'embellit et s'enlaidit à vue d'œil. Rien de plus beau que l'achèvement de l'Hôtel-de-Ville et des quais ; rien de plus laid que les fontaines de la place Louis XV, quand elles sont à sec, ce qui leur arrive souvent. Mais de toutes ces magnificences municipales, celles qui charment le bon peuple de Paris, ce sont les bornes-fontaines placées avec profusion sur les trottoirs pour le service des marchands — et des passants qui ne peuvent faire un pas sans avoir de l'eau jusqu'à la cheville.

Si je suis en reste avec vous, mon cher ami, vous n'en êtes pas plus excusable de ne nous avoir pas donné signe de vie depuis bientôt un an; nous ne savons de vos nouvelles que par les Joubert, qui eux-mêmes se plaignent de votre silence. N'écrivez pas, mais faites nous écrire un mot par votre maîtresse d'école, seulement pour nous dire que vous vous portez bien et que vous n'êtes pas trop joyeux de nous avoir quittés.

Adieu, mon cher Ministre. Je ne puis penser à notre éloignement de vous sans tristesse. Encore, si l'on était sûr de se retrouver dans le Ciel : c'est un lieu dont vous connaissez mieux la route que moi.

14 février 1843.

M. de Chateaubriand et moi étant malades, mon cher ministre, nous ne pouvons pas faire à la belle Rouergade une réception digne de son excellence; mais elle sera reçue avec plaisir et reconnaissance, puisque nous lui devons enfin un mot de vous. Votre silence commençait à nous inquiéter, et j'allais vous écrire quand votre lettre est arrivée, avec la bonne nouvelle que vous bravez, mieux que nous, ce temps qui à nos âges n'est plus qu'un temps de grâce. Mon mari souffre toujours de ses rhumatismes, et, depuis trois semaines, il est retenu chez lui par un rhume qui le fatigue beaucoup, et surtout l'ennuie en contrariant ses habitudes de causeries chez la vieille amie de l'Abbaye aux Bois. Pour moi, je partage mes loisirs entre le catarrhe et la névral-

gie; mais comme je n'ai point encore été obligée de garder le lit,
je mets cet hiver au nombre des meilleurs que j'aie passés depuis
vingt ans.

Vous vous rappelez, peut-être, une petite orpheline, du nom d'Elisa,
que nous avions recueillie à l'âge de deux ans à l'Infirmerie, que
nous aimions beaucoup et que nous gâtions un peu. Cette pauvre
enfant, qui était devenue charmante, et qui allait entrer, comme pos-
tulante, aux sœurs de Saint-Vincent, est morte hier, dans des sentiments de piété qui ne laissent aucun doute sur son bonheur. Elle avait
seize ans. Ainsi Dieu l'a retirée du monde au moment où elle allait en
connaître les peines.

J'apprends presqu'avec plaisir que M. et Mᵐᵉ de Clausel ne reviendront que tard à Paris; voilà un sentiment qui ne m'est pas personnel;
il vous regarde, mon cher ami; nous vous aimons heureux avant tout.
Vous devez être deux fois joyeux dans votre retraite au milieu de vos
enfants et de vos petits enfants, augmentés d'une petite fille, qui doit
être belle si elle ressemble à sa mère, et qui aura, j'espère, sa bonté
et son amabilité. Croyez-vous que décidément nous avons le projet de
vous aller voir cet été? Nous nous aventurerons dans vos montagnes, où, au fond, il n'y a d'autres difficultés, pour arriver à Coussergues; que la chance d'être enterré sous la neige, entraîné par un tor-
rent, ou écrasé par un éboulement, car le Rouergue n'a pas, je crois,
les honneurs de l'avalanche.

Mˡˡᵉ Bonne d'Acosta vous remercie de votre souvenir; elle ne vous
oubliera pas dans ses *Ave Maria*; elle en réclame bon nombre des
vôtres. Vous savez qu'elle a perdu sa sœur. C'est pour elle un chagrin
de tous les moments, et qui change toute sa vie, car elle ne la regrette
pas seulement comme une sœur, mais comme une amie avec laquelle
elle vivait depuis soixante ans. — J'ai une grande dévotion à votre
chapelle de *Notre-Dame des Sept-Douleurs;* priez la sainte patronne,
salut des infirmes, de guérir votre vieil ami, et de ne m'envoyer, à
moi, que les maux que je pourrai supporter avec une résignation qui,
jusqu'à présent, n'a pas été trop à mon usage.

Qu'ai-je besoin de vous réitérer, mon cher ministre, l'assurance de
sentiments auxquels le temps et les circonstances ne peuvent rien
ajouter ni retirer, car mon mari et moi avons toujours pour vous des
cœurs de vingt ans.

La dinde est encore en route.

La chapelle de *Notre-Dame des Sept-Douleurs,* d'après une des lettres précédentes, n'était pas encore achevée le 27 novembre 1839. Elle rappelle les admirables lettres d'un frère de M. de Clausel, insérées dans le *Génie du Christianisme.*

Chateaubriand a reparlé de cette chapelle et de ces lettres dans la *Vie de Rancé* à laquelle il travaillait en cette même année 1843 :

« J'ai cité, dans les notes du *Génie du Christianisme,* les lettres de M. Clausel, qui, de soldat de l'armée de Condé, était venu s'enfermer en Espagne à la Trappe de Sainte-Suzanne.

« Il écrivoit à son frère : « J'arrivai un jour dans une campagne déserte à une porte, seul reste d'une grande ville. Il y avoit eu sûrement dans cette ville des partis, et voilà que depuis des siècles leurs cendres s'élèvent confondues dans un même tourbillon. J'ai vu aussi Murviedo, où étoit bâtie Sagonte, et je n'ai plus songé qu'à l'éternité. Qu'est-ce que cela me fera, dans vingt ou trente ans, qu'on m'ait dépouillé de ma fortune? Ah, mon frère ! puissions-nous avoir le bonheur d'entrer au Ciel ! *S'il me reste quelque chose, je désire qu'on fasse bâtir une chapelle dédiée à Notre-Dame des Sept-Douleurs dans l'arrondissement de la maison paternelle, selon le projet que nous en fîmes sur la route de Munich.* Hâtez-vous de faire élever des croix pour la consolation des voyageurs avec des sièges et une inscription comme en Bavière : *Vous qui êtes fatigués, reposez-vous.* J'aurai demain le bonheur de faire mes vœux : j'y ajouterai une croix comme on en met sur la tombe des morts. »

« La chapelle vient d'être bâtie par mon vieil ami, M. de Clausel, dans les montagnes du Rouergue. Après plus de quarante années, l'amitié a rempli un vœu. Avant de quitter ce

monde, ne verrai-je point cette pieuse sincérité de l'affection
fraternelle ? »

« — Qui sait, » avons-nous lu dans la lettre du 27 novembre
1839, « si, au printemps, nous n'irons pas ensemble [avec M. de
Chateaubriand] prier à la *Santa Casa*? » — et dans celle du
14 février 1843, nous venons de lire : « Croiriez-vous que
décidément nous avons le projet de vous aller voir cet été? »

Vendredi, 28 février 1843.

Je dicte ces mots du fond de mon lit, Monsieur, pour vous remercier.
J'espère que vous ferez l'extrême plaisir à M. de Chateaubriand de
manger avec lui la dinde du chatelain lundi prochain, à six heures.
Je regretterai beaucoup de ne pouvoir prendre part au festin où
d'ailleurs il n'y aura personne, mais nous causerons de notre vieil ami.

Mille compliments empressés, Monsieur, et remerciements nouveaux.

La V^{sse} de CHATEAUBRIAND.

La lettre qui suit clôt la correspondance de l'aimable
vicomtesse, avec le tour enjoué qui lui était habituel.

Et toutefois, il semble qu'il y ait, sur la fin, comme une
ombre de tristesse. On se demande si Mme de Chateaubriand
n'eut pas le pressentiment que c'était là sa dernière lettre à
Clausel.

Il était si vieux! Elle était si faible !

Une inspiration délicate lui vint, née peut-être de cette
pensée, à mesure qu'elle traçait le mot adieu !

De son autorité privée, elle ajouta que M. de Chateaubriand
voulait dire son mot, lui aussi. Et aussitôt, heureuse du
bonheur qu'apporterait au noble et sensible solitaire de
Coussergues un souvenir autographe de son vieil ami, elle
mit la plume à la main de son mari.

Chateaubriand s'empressa de faire honneur à l'engagement
pris en son nom et ratifié par son cœur.

De ses doigts tout noués par la goutte — ses pauvres doigts pouvaient à peine retenir la plume et marquer les lettres — il écrivit, à la suite de la signature de sa femme, deux lignes où se mêlent, dans une égale mesure, l'expression de son éternelle mélancolie et l'assurance de son inaltérable amitié.

Postérieurement à ces lignes d'adieu — et si nous exceptons deux billets à Mme Récamier — je ne connais, écrits de la main de Chateaubriand, que des fragments de la *Vie de Rancé*.

J'ai vu, sur des papiers informes et tout déchiquetés, les suprêmes efforts de cette main vaillante; ils font songer aux « derniers restes d'une voix qui tombe et d'une ardeur qui s'éteint. »

L'un de ces passages pourrait s'appeler le chant du cygne, tant il est suave d'inspiration et mélodieux d'accent. Comme il se relie très bien à la lettre qu'on va lire, et qu'il répond d'avance à certaines questions que cette lettre suggère, je crois être agréable au lecteur en l'insérant ici :

« Henri, l'orphelin, vient de m'appeler à Londres ; j'ai obéi à la lettre close du malheur. Henri m'a donné l'hospitalité dans une terre qui fuit sous ses pas. J'ai revu cette ville, témoin de mes rapides grandeurs et de mes misères interminables, ces places remplies de brouillards et de silence, d'où émergèrent les fantômes de ma jeunesse. Que de temps déjà écoulé depuis le jour où je rêvois René dans Kensington jusqu'à ces dernières heures ! Le vieux banni s'est trouvé chargé de montrer à l'orphelin une ville que mes yeux peuvent à peine reconnoître.

« Réfugié en Angleterre pendant huit années, ensuite ambassadeur à Londres, lié avec lord Liverpool, avec M. Canning et avec M. Croker, que de changements n'ai-je pas vus dans ces lieux, depuis Georges IV qui m'honorait de sa familiarité,

jusqu'à cette Charlotte que vous verrez dans mes *Mémoires!*
Que sont devenus mes frères en bannissement ? Les uns sont
morts, les autres ont subi diverses destinées : ils ont vu
comme moi disparoître leurs proches et leurs amis. Sur cette
terre où l'on ne nous apercevoit pas, nous avions cependant
nos fêtes et surtout notre jeunesse. Des adolescentes, qui
commençoient la vie par l'adversité, apportaient le fruit
semainier de leur labeur, afin de s'éjouir à quelques danses
de la patrie. Des attachements se formoient; nous priions dans
des chapelles que je viens de revoir et qui n'ont point changé.
Nous faisions entendre nos pleurs le 21 janvier, tout émus
que nous étions d'une oraison funèbre prononcée par le curé
émigré de notre village. Nous allions aussi, le long de la
Tamise, voir entrer au port des vaisseaux chargés des richesses du monde, admirer les maisons de campagne de Richmond,
nous si pauvres, nous privés du toit paternel ! Toutes ces
choses étaient de véritables félicités. Reviendrez-vous, félicités de ma misère ? Ah ! ressuscitez, compagnons de mon
exil, camarades de la couche de paille, me voici revenu !
Rendons-nous encore dans les petits jardins d'une taverne
dédaignée, pour boire une tasse de mauvais thé en parlant
de notre pays : mais je n'aperçois personne; je suis resté seul.

« Rancé va quitter Chambord, il faut donc que je quitte
aussi cet asile où je crains de m'être trop oublié. Je vais
retrouver la Loire non loin du parc abandonné ; elle ne voit
point la désolation de ses bords : les fleuves ne s'embarras-
sent point de leurs rives. Ne demandez pas à la Loire le nom
des Guise, dont elle a pourtant roulé les cendres. A cent
cinquante lieues d'ici, je rencontrai, il y a huit mois (1), en
terre étrangère, près du jeune orphelin, M. le duc de Lévis,

(1) Novembre 1844.

qui remonte au compagnon de Simon de Montfort. Mirepoix
étoit *maréchal de la Foi,* titre qui semble avoir passé à son
dernier neveu. J'ai retrouvé aussi Mme la duchesse de Lévis,
du grand nom d'Aubusson ; elle aurait pu écrire l'histoire de
Philippine-Hélène, si elle n'avoit des malheurs moins roma-
nesques à pleurer. Je n'étois pas, dans mon dernier voyage à
Londres, reçu dans un grenier de Holborn par un de mes
cousins émigrés, mais par l'héritier des siècles. Cet héritier
se plaisoit à me donner l'hospitalité dans les lieux où je l'avois
longtemps attendu. Il se cachoit derrière moi, comme le
soleil derrière les ruines. Le paravent déchiré qui me ser-
voit d'abri me sembloit plus magnifique que les lambris de
Versailles. Henri étoit mon dernier garde-malade : voilà les
revenants-bon du malheur. Quand l'orphelin entroit, j'es-
sayais de me lever ; je ne pouvois lui prouver autrement ma
reconnoissance. A mon âge, on n'a plus que les impuissances
de la vie. Henri a rendu sacrées mes misères ; tout dépouillé
qu'il est, il n'est pas sans autorité : chaque matin, je voyois
une Angloise passer le long de ma fenêtre ; elle s'arrêtoit, elle
fondoit en larmes aussitôt qu'elle avoit aperçu le jeune Bour-
bon : quel roi sur le trône auroit eu la puissance de faire
couler de pareilles larmes ? »

10 février 1844.

Vous n'êtes pas, mon cher Ministre, de ceux qui se croient oubliés
parce qu'on ne leur écrit pas, surtout quand il s'agit de vieux amis qui
ne pensent qu'à vous, ne parlent que de vous, et ne vous écrivent pas
par cent raisons qu'il est bon de laisser de côté parce qu'elles sont
inexcusables.

M. de Chateaubriand a reçu votre lettre avec d'autant plus de plaisir qu'elle lui donnait de bonnes nouvelles sur votre santé ; la sienne
serait excellente si ses jambes valaient son estomac et sa tête ; mais
c'est à peine si elles vont droit de sa chambre à la mienne. Il souffre
surtout depuis le voyage de Londres qui l'a extrêmement fatigué.

Nous n'avons d'autre résultat que celui de diviser encore un peu plus un parti qui l'était déjà passablement. Du reste, on parle encore de ce voyage ; mais c'est presque une vieillerie, et si la flétrissure ne nous était venue en aide. Belgrave serait déjà abandonné à l'histoire, si toutefois l'histoire en parle. Cependant, comme tout est, ici, de mode, les flétris font en ce moment fureur ; ils remplacent les *lions* avec avantage, et sans que nos quelque dix mille repris de justice, qui circulent, dit-on, dans Paris, se formalisent le moins du monde d'un titre, auquel jusqu'à présent ils avaient eu un droit exclusif.

Nous sommes toujours dans notre rue du Bac, où nous resterons, parce qu'il nous faut un rez-de-chaussée pour M. de Chateaubriand et un jardin pour trois douzaines d'oiseaux qui chantent sous ma fenêtre dans une volière (comme on dit) modèle — où ils vivent heureux à l'abri des chats et de la politique.

Nous apprenons que M. et Mme de Clausel ne reviendront pas cet hiver à Paris ; je les en félicite pour leur compte, mais pas pour le nôtre, qui aurions eu tant de plaisir à les revoir ; ainsi, mon cher solitaire, excepté avec les Joubert, nous ne pourrons plus parler de vous qu'avec des indifférents. Nous avons eu ici, pendant quelques mois, Frisell, mais il est retourné, avec sa femme, sa fille et sa vanité à Florence, où il a loué un magnifique palais.

Que vous avez été sage d'être allé, sans trop vous embarrasser du vide que vous laissez ici, vivre paisiblement dans vos montagnes où il ne pénètre de mauvais que les journaux, — que vous pouvez ne pas lire, mais que vous lisez. C'est cependant une habitude dont on devrait se défaire quand on a promis de renoncer à Satan et à ses œuvres ; mais je ne sache que moi qui n'aie point ce huitième péché mortel à me reprocher.

Vous savez que M. de Chateaubriand n'a pas été à Barèges, autrement il aurait été vous voir, malgré mes craintes de le savoir traversant vos montagnes, d'où l'on ne sort vivant que par un miracle.

Adieu, mon cher Ministre sans portefeuille, voilà votre vieil ami qui prend la plume pour vous répéter ce que je vous dis en vous quittant, que nous vous aimons aujourd'hui comme nous vous aimions il y a quarante ans et plus.   La V^{sse} DE CHATEAUBRIAND.

Vous ne voyez plus, mon cher ami, et moi, je ne puis plus écrire : ainsi tout finit, excepté notre fidèle et constante amitié.

CHATEAUBRIAND.

**
* *

Amitié! Ce mot sur lequel s'arrêta la main vite lassée de Chateaubriand, ferme et résume la correspondance de sa femme avec M. de Clausel.

A voir ainsi rapprochés et comme associés les noms des deux époux au bas de la dernière lettre, ne dirait-on pas d'une double signature au terme d'une œuvre accomplie en collaboration ?

Image et symbole; rien de plus. A défaut de collaboration textuelle, il y avait communauté parfaite de sentiments. Pouvait-il en être autrement? Les premiers, les plus intimes amis de Chateaubriand, voilà quels furent les amis préférés, les seuls amis de sa femme.

Que si, par une coïncidence étrange, le mot final à M. de Clausel émane de Chateaubriand, ne l'oublions pas, c'est à la sollicitation, avec la plume, et sur le papier même de Mme de Chateaubriand qu'il fut écrit.

Entre Chateaubriand et ses amis de jeunesse, c'est elle qui fut le lien doux et fort, le vivant souvenir.

Oui, Chateaubriand continuait de les aimer, du moins les vrais intimes. Mais, soit excès de travail ou fièvre d'ambition, soit plus tard indolence, songeries, infirmités physiques, peut-être aussi parce qu'il savait sa femme toujours empressée aux soins de l'amitié, il laissait à la fine plume dont il s'était approprié avec orgueil maintes pages, la douce tâche de correspondre pour deux.

Quand les amis recevaient de Mme de Chateaubriand la

réponse qu'ils attendaient de lui, en vérité, avaient-ils tant à
se plaindre de la substitution ? Auraient-ils trouvé, dans les
lettres du génie, si éloquentes fussent-elles, l'esprit avec la
délicatesse, la grâce armée de piquant, la gaieté légère, les
traits soudains, les jolis mots, les mille riens exquis, la vibra-
tion de cœur et d'âme qui les charmaient dans les lettres de
Mme de Chateaubriand ?

Il est vrai : *la constance de Chateaubriand n'était pas au bout
de sa plume.* Au moins était-elle au fond de son cœur. S'adressant au juge le mieux renseigné en semblable matière, il ne
craignait pas de se donner pour « constant et fidèle. »

Et cependant, négligés en apparence et sans nouvelles de
Chateaubriand, les amis auraient eu le droit de se croire
oubliés, – oui, même Joubert, même Fontanes, même
Clausel, si Mme de Chateaubriand n'avait pas été là, près
du grand rêveur, pour traduire une part de ses rêves en
bonne et fine prose bien française, pour remettre en cours,
à leur usage, avec mille variantes gracieuses le *Combien j'ai
douce souvenance* du poète.

Amour et amitié se confondaient dans ce noble cœur.

Il ne tint qu'à Chateaubriand de voir dans les amitiés de
sa femme une forme particulière de l'amour conjugal,
flatteuse autant que délicate.

De même que la chrétienne explique l'épouse, de même
l'épouse explique l'amie.

Un ami du bon M. de Clausel, et qui est aussi le mien, se
trouvait au château de Coussergues quand arriva la dernière

lettre de Mme de Chateaubriand. Ce fut une journée de bonheur. Il fallut la lire et la relire au vénérable aveugle. Sur
son ordre, elle circula de main en main. Chacun en louant le
tour aimable et spirituel, on voyait sur le beau visage du
vieillard le plaisir que lui causaient ces louanges. Lui-même
ne tarissait pas d'éloges.

Plusieurs années passées à Coussergues, sous le toit et
dans l'intimité du cher ministre sans portefeuille de Mme de
Chateaubriand, ont laissé à M. ***, de qui je tiens ces
détails (1), des souvenirs qu'il a bien voulu résumer en des
lignes trop courtes.

Je suis heureux de m'effacer devant ce témoin hors de pair.
Aussi bien, est-ce à lui que je dois l'honneur d'avoir reçu
communication de la précieuse correspondance.

Que M. de Clausel, et, avec lui, notre ami commun,
veuillent donc agréer ici l'expression de ma vive gratitude.
J'aurais voulu la mieux témoigner, en me montrant moins
indigne de leur confiance.

« J'ai beaucoup connu et fréquenté M. Clausel de Coussergues dans les dernières années de sa vie. C'était un noble
et saint vieillard, bon par nature et affable avec tout le monde;
aussi la population l'entourait-elle de son respect et de son
affection. Devenu presque aveugle, il avait pour le servir et
l'accompagner dans ses promenades une pieuse fille de la
localité; elle était souvent remplacée dans cet office par les
personnes amies qui venaient visiter le châtelain de Coussergues. On le voyait alors heureux de causer avec elles; il
s'entretenait volontiers des hommes qu'il avait connus, des
évènements auxquels il s'était trouvé mêlé, et il les jugeait

(1) Confirmés par M. de Clausel, le 19 septembre 1887.

sans amertume, mais avec une pleine indépendance. Le nom de Mme de Chateaubriand ramenait infailliblement un sourire sur ses lèvres, une rougeur d'émotion sur son visage. Il n'en parlait qu'avec une sorte de vénération, partagée par tous les siens; il conservait ses lettres comme un trésor.

« Avant de mourir, il voulut mettre à exécution la promesse faite pendant l'exil : grâce à ses soins, une jolie chapelle gothique, dédiée à *Notre-Dame des Sept-Douleurs,* s'éleva sur les bords de la petite rivière qui passe à Coussergues. Elle fut bénite par son frère Mgr Clausel de Montals, évêque de Chartres, en 1843, et, en 1846, elle reçut sa dépouille mortelle. »

INFIRMERIE DE MARIE THÉRÈSE

ÉPILOGUE

J'ai dû renoncer, faute de temps, à visiter Coussergues ; je voulais rapporter de mon excursion une esquisse de la chapelle : je l'aurais fait graver à l'eau forte.

Mais c'est surtout l'Infirmerie de Marie-Thérèse qui me tenait au cœur. Je l'ai vue et revue, par trois fois différentes. Sous la conduite des sœurs de Saint-Vincent de Paul qui la dirigent, et sont accueillantes là comme partout, je l'ai considérée tout à mon aise et parcourue dans tous les sens.

A droite, les parloirs ; le salon particulier où Mme la Supérieure garde le portrait de Mme de Chateaubriand ; la pharmacie où deux sœurs ne cessent de mettre sous enveloppe le fameux chocolat ; la chapelle où repose, à toucher l'autel, au pied de la Sainte-Thérèse de Gérard, la dépouille de la pieuse fondatrice. En face, au centre d'une pelouse, et sans attache aux autres corps de logis, le pavillon carré à deux étages, avec fenêtres de tous côtés, occupé par les vieux prêtres, — et au seuil duquel se tenait, droit sous les cheveux blancs, ruban rouge à la boutonnière, le vénérable abbé Crozes. A gauche, la basse-cour, peuplée d'un monde de volailles, — près de trois cents têtes, paraît-il ; l'étable avec ses deux vaches qui donnent un lait surabondant à tous les hôtes de l'Infirmerie ; le logement du supérieur local, actuellement M. de Chauliac ; les différentes pièces composant la fabrique de chocolat ; la buan-

14

derie. Derrière le « palais épiscopal », un vaste potager, en bel état ; et au-delà, s'étendant largement à droite et à gauche, en pente douce, le parc planté « d'arbres de mille sortes », disent les *Mémoires d'Outre-Tombe* : allées de marronniers, cèdres de Salomon, chênes des druides : « ils font les cornes à leur maître de peu de durée, *brevem dominum*, » ajoutait le poète ; quelques-uns de ces témoins superbes ont subi la commune loi : ils venaient d'être abattus ; les jardiniers étaient en train de préparer la place à de plus jeunes, le long du mur des Enfants assistés.

Ceux qui m'ont lu le croiront sans peine : ces divers objets, pleins de souvenirs, m'intéressaient vivement. Mais le charme était plus que doublé par la conversation des bonnes sœurs. Elles aiment Mme de Chateaubriand. Les nouvelles venues y apprennent des anciennes à prononcer ce nom avec une vénération affectueuse. Or, des anciennes qui ont connu M. et Mme de Chateaubriand, deux survivent : sœur Vincent et sœur Julienne.

En ce temps-là, sœur Julienne était chargée de la cuisine : elle avait acquis, dans ce modeste emploi, une petite célébrité. Formée par l'habile cuisinier de Mme de Chateaubriand, à son tour elle a formé des sœurs qui passent pour l'égaler. Aussi l'Infirmerie est-elle avantageusement connue sous ce rapport. Rien qui rappelle la cuisine d'hôpital, et tant s'en faut. La fondatrice connaissait trop son monde et la vie pratique pour ne pas tenir essentiellement à ce point. La nourriture y est délicate, comme de son temps. Et même, je l'ai ouï dire par qui le sait bien, la Maison Mère de la rue du Bac envoie à cette haute école les jeunes sujets dont on veut faire — à l'intention des chers malades — d'habiles praticien-

nes, pourquoi ne pas dire le mot? des cordons-bleus. Egale-
ment, c'est à l'Infirmerie que l'on envoie, de Paris, les sœurs
fatiguées : elles y vont respirer en liberté le bon air des
jardins et du parc. Après quelques mois de ce régime, on les
voit rentrer dans leurs hôpitaux ou leurs écoles, avec des forces nouvelles. Car on ne va pas seulement à l'Infirmerie pour
mourir, on y vient aussi pour revivre. Témoin l'archevêque
de Paris, Mgr Richard : jeune prêtre, il fut l'hôte de l'Infirmerie, et il s'en souvient avec bonheur; témoin encore plusieurs de ses vicaires généraux.

L'autre ancienne a nom sœur Vincent. Qui ne la connaît
dans le clergé de Paris ? Elle est à l'Infirmerie depuis tantôt
un demi-siècle; cela ne l'empêche pas d'avoir conservé bon
pied, bon œil, souriante physionomie et fraîche mémoire. Est-
elle heureuse d'entendre parler de Mme de Chateaubriand, heureuse d'en parler elle-même! Ce bonheur ne lui a guère été
marchandé le 10 novembre 1887, Dieu sait!.... Voici, entre
autres souvenirs, ceux que j'ai recueillis de ses lèvres :

— Mme de Chateaubriand était très fine, très spirituelle,
un peu moqueuse, mais, par-dessus tout, elle était bonne,
affectueuse, dévouée — presque une sainte. Notre ancienne
supérieure, sœur Marie, avait pour elle une grande affection.
Les deux amies étaient inséparables, ou plutôt elles ne fai-
saient qu'un. Deux jours passés sans avoir vu sœur Marie,
Mme de Chateaubriand n'y tenait plus : malade, elle envoyait
ses gens demander le pourquoi ; valide, elle accourait de la
rue du Bac pour se plaindre, et ses plaintes revêtaient toutes
les formes. Sœur Marie avait été nommée supérieure de l'Infirmerie, âgée seulement de trente-un ans, en 1829 (1), à la

(1) Née en 1798; morte en 1874.

demande de M. et Mme de Chateaubriand dont elle avait gagné
dès l'abord toutes les sympathies. — Vous parlez des amitiés de Mme de Chateaubriand. Sa plus grande amitié, on peut
le croire, fut celle-là : une amitié de cœur et d'âme, à la vie,
à la mort. L'Infirmerie était sa maison. Nous lui étions une
famille. Son couvert était toujours mis sur notre table. Elle
ne passait jamais une semaine sans venir dîner avec nous.
Nos fêtes étaient ses fêtes. En connaissait-elle d'autres ? Elle
prenait part à nos solennités dans la chapelle, à nos proces-
sions dans le parc. — Un jour, pendant la procession de la
Fête-Dieu, le tonnerre se mit à gronder terriblement. Nous la
vîmes dans une de ses grandes peurs : elle prit la fuite vers
la maison, la tête dans ses mains pour ne pas voir les éclairs,
et eut tout juste assez de forces pour se laisser choir dans un
fauteuil. La fleur d'oranger aidant, et surtout l'orage s'éloi-
gnant, elle revint à elle et voulut reprendre sa place dans le
cortège du Saint-Sacrement. Le soir, elle ne fut pas la dernière à rire de sa frayeur. Nos rapports avec Mme de Chateaubriand restèrent jusqu'à la fin on ne peut plus affectueux.
Sœur Marie et moi, nous l'avons assistée dans sa dernière
maladie. Nous étions près de son lit, lorsque, revenue d'un
long évanouissement, elle put recevoir les derniers sacrements
des mains de M. l'abbé Deguerry, son ami bien dévoué — et
le nôtre aussi : l'abbé Deguerry favorisait l'Infirmerie de toute
son influence ; il recommandait chaleureusement nos quêtes
à ses riches paroissiens de la Madeleine : « C'est là, disait-il
souvent, que je veux achever mon pèlerinage. Et c'est vous,
sœur Vincent, qui me fermerez les yeux. » — Pauvre martyr !
La Commune en a décidé autrement.

« Le lendemain de la mort de Mme de Chateaubriand, avant
le jour, sœur Marie me dit : « Allons faire notre oraison

« auprès du corps. » Nous restâmes longtemps à prier dans la chambre mortuaire. A la cérémonie des obsèques, assista une foule très nombreuse qui débordait de la chapelle dans la maison et dans les jardins de l'Infirmerie. Puis, les prières achevées, nous la vîmes descendre dans le caveau. Nous l'avons pleurée comme une sœur. En vérité, elle était cela et plus que cela pour nous. Nous continuâmes à visiter M. de Chateaubriand. Il ramenait toujours la conversation à sa femme. — Sœur Marie recueillit son dernier soupir, et moi, sur le désir de M. le comte Louis de Chateaubriand, son neveu, je demeurai près du corps, priant dans un coin, pendant qu'on pratiquait l'embaumement. »

Ainsi se souvient-on de Mme de Chateaubriand à l'Infirmerie de Marie-Thérèse.

* * *

Souvenirs passés à l'état de tradition au sein d'une famille plus durable que celles de la nature! Amitiés plus fortes que la mort, renouvelées chaque jour dans l'hommage reconnaissant de la prière ! Doux sommeil que bercent, à intervalles réguliers, le murmure des oraisons et la mélodie des saints cantiques, en attendant l'aurore du jour qui ne s'éteint plus ! Dernière halte sous le mystérieux abri d'une tombe appuyée à l'autel, et que l'autel pénètre de sa vertu, illumine de ses feux, pare de ses fleurs, embaume de son encens! Saints sacrifices de la Messe, offerts sur cette tombe, et plusieurs fois chaque matin, par les prêtres infirmes qui n'auraient pu, hors de l'asile ménagé à leurs vieux ans, « *remonter à l'autel du Dieu qui réjouit leur jeunesse !* » Il m'a été infiniment doux de saluer dans un tel ensemble de faveurs posthumes la digne récompense d'une si belle vie.

Agenouillé sur les cendres de la chrétienne, généreuse entre toutes, avec laquelle il me semble parfois que j'ai eu l'honneur de vivre dans une sorte d'intimité — comme les abbés Bonnevie, Delacroix, Deguerry, Seguin, ou du moins, à titre de pauvre et d'infirme, à défaut d'autres titres, comme ces humbles prêtres qui, ne trouvant plus de place à l'Infirmerie, étaient recueillis, tout à côté, par la charitable vicomtesse, sous le toit même de Chateaubriand — je priais, je rêvais d'œuvres en pensant à son œuvre, et je disais :

Aimable maison, où tout parle à l'esprit, au cœur et à l'âme, où tout est lumière, sourire, repos, assistance, où rien ne froisse la susceptibilité du déclin, — où je voudrais, affranchi des vulgaires soucis, terminer ma carrière ; asile de paix, de sécurité, de liberté, dilatez vos murs, étendez le cercle de votre action, éternisez vos bienfaits, et donnez au beau nom de Chateaubriand, immortalisé par le génie, l'immortalité plus féconde et plus belle de la charité.

Bordeaux. — Imprimerie BONNARD, rue Porte-Dijeaux, 91.

Madame de Chateaubriand, d'après ses mémoires et sa correspondance; grand in-8° de 400 pages, orné d'un portrait et d'une eau-forte. Bordeaux, FÉRET ET FILS, éditeurs, 15, cours de l'Intendance, 15, 1887 *(épuisé)*.

TABLE DES MATIÈRES

www.ingramcontent.com/pod-product-compliance
Lightning Source LLC
Chambersburg PA
CBHW051726090426
42738CB00010B/2108